Direito da Organização Administrativa

Direito da Organização Administrativa

ROTEIRO PRÁTICO

Isabel Celeste M. Fonseca
Professora da Escola de Direito da Universidade do Minho

Para acompanhamento das aulas ministradas ao 1.º ano,
do Curso Pós-Laboral de Licenciatura em Direito
durante o ano lectivo 2010/2011

2011

DIREITO DA ORGANIZAÇÃO ADMINISTRATIVA
ROTEIRO PRÁTICO
EDITOR
EDIÇÕES ALMEDINA, S.A.
Rua Fernandes Tomás, n.ᵒˢ 76, 78 e 80
3000-167 Coimbra
Tel.: 239 851 904 · Fax: 239 851 901
www.almedina.net · editora@almedina.net
DESIGN DE CAPA
FBA.
PRÉ-IMPRESSÃO
Jorge Sêco
IMPRESSÃO E ACABAMENTO
PAPELMUNDE, SMG, LDA.
Abril, 2011
DEPÓSITO LEGAL
326934/11

Apesar do cuidado e rigor colocados na elaboração da presente obra, devem os diplomas legais dela constantes ser sempre objecto de confirmação com as publicações oficiais.

Toda a legislação contida na presente obra encontra-se actualizada de acordo com os diplomas publicados em Diário da República, independentemente de terem já iniciado a sua vigência ou não.

Toda a reprodução desta obra, por fotocópia ou outro qualquer processo, sem prévia autorização escrita do Editor, é ilícita e passível de procedimento judicial contra o infractor.

  GRUPOALMEDINA

BIBLIOTECA NACIONAL DE PORTUGAL – CATALOGAÇÃO NA PUBLICAÇÃO

FONSECA, Isabel Celeste M.
Direito da Organização Administrativa: Roteiro Prático.
– (Manuais universitários)
ISBN 978-972-40-4522-1

CDU 342
    35
    378

NOTA PRÉVIA

Com este livro procuramos alcançar um desiderato muito modesto. Na realidade, tendo em vista realizar um objectivo de ordem pedagógica, este texto destina-se (quase)exclusivamente aos alunos do Curso de Licenciatura em Direito e tem a pretensão de servir de roteiro a quem inicia o estudo do direito da organização administrativa. Por esta razão, este livro contém uma sistematização pensada em função do programa estabelecido para a Unidade Curricular e apresenta uma lista monográfica sobre o tema que é seleccionada em função do cumprimento do mesmo programa.

Não obstante o desígnio didáctico, este trabalho pode também ser útil àqueles que se aventuram em domínios do direito administrativo (especialmente complicados no que respeita à organização administrativa) e sentem necessidade de revisitar o tema e reaprender conceitos e ferramentas.

Enfim, sublinhando o perfil pedagógico do texto, apresentamos assim um texto que é inacabado e que tem subjacente o desejo de nele se ir descrevendo *o sono* e *o sonho da princesa da fábula* – onde não se escondem as *angústias* e as *incertezas* perante o *silvado de uma nova realidade administrativa*.

Braga, Janeiro de 2011

«Se fosse possível a um jurista particularmente interessado pelas coisas do direito público entrar no sono da princesa da fábula, não precisaria de deixar correr os cem anos para descobrir atónito que à sua volta tudo mudou. Bastava-lhe ter esperado pelo desencanto dos últimos vinte anos e verificaria que o seus castelo de construções e os seus servidores estavam irremediavelmente submersos no silvado duma nova realidade, perante o qual se encontravam indefesos. E o dramático, quase trágico, é que não há forças benfazejas que rasguem novas clareiras e tracem novas sendas para um regresso ao velho mundo, como readmissão no paraíso, e, apesar de tudo, de muitos lados se nota o esforço para mergulhar na realidade com um arsenal obsoleto e, pior ainda, com um *pathos* dissonante com os tempos. Como um cavaleiro de elmo emplumado que galhardamente lançasse um repto a um carro de assalto».

ROGÉRIO EHRHARDT SOARES,
Direito Público e Sociedade Técnica,
1.ª ed., Atlântida, Coimbra, 1969

PROGRAMA RESUMIDO
2010/2011

II SEMESTRE

I. INTRODUÇÃO

  a. Noções gerais

   1. Interesse Público, Administração Pública, Direito Administrativo

II. A ORGANIZAÇÃO ADMINISTRATIVA PORTUGUESA

  a. Noções gerais
  b. Modelo Constitucional: a estrutura da Administração Pública na Constituição da República Portuguesa
  c. Os sectores da Administração Pública portuguesa

   1. A Administração Estadual
   2. A Administração Autónoma
   3. A Administração Independente
   4. A administração privada

I.
BIBLIOGRAFIA DE BASE

DIOGO FREITAS DO AMARAL, *Curso de Direito Administrativo*, Vol. I, 3.ª ed., Almedina, 2006.

JOÃO CAUPERS, *Introdução ao Direito Administrativo*, 10.ª ed., Editora Âncora, Lisboa, 2009.

JOSÉ EDUARDO F. DIAS/FERNANDA PAULA OLIVEIRA, *Noções Fundamentais de Direito Administrativo*, Almedina, 2.ª ed., Coimbra, 2010.

MARCELO REBELO DE SOUSA, *Lições de Direito Administrativo*, Vol. I, Lex, 1999.

MARCELO REBELO DE SOUSA/ANDRÉ SALGADO DE MATOS, *Direito Administrativo Geral*, Tomo I, Dom Quixote, Lisboa, 2004.

II.
LEGISLAÇÃO

CRP = Constituição da República Portuguesa
CPA = Código de Procedimento Administrativo
Legislação sobre a Organização Administrativa = colectânea actualizada que agregue todos os diplomas necessários.

SUGESTÃO: ISABEL CELESTE M. FONSECA, *Caderno de Legislação Administrativa*, Elcla, Porto, 2010

ABREVIATURAS

AP = Administração Pública
CCP = Código dos Contratos Públicos
CPA = Código de Procedimento Administrativo
CPC = Código de Processo Civil
CPTA = Código de Processo nos Tribunais Administrativos e Fiscais: Lei n.º 15/2002, de 22 de Fevereiro, com posteriores alterações
CRP = Constituição da República Portuguesa
ETAF = Estatuto dos Tribunais Administrativos e Fiscais: Lei n.º 13/2002, de 19 de Fevereiro, com posteriores alterações
LAL = Lei que prevê as competências e o funcionamento dos órgãos do Município e da Freguesia (Lei n.º 169/99, de 18 de Setembro, com posteriores alterações)
LARDA= Lei que regula o acesso aos documentos e registo administrativos e a sua reutilização (Lei n.º 46/2007, de 24 de Agosto)
LdeTutela = Lei de Tutela do Estado sobre as autarquias locais (lei n.º 27/96, de 1 de Agosto)
Lei Orgânica do Governo = Lei Orgânica do XVIII Governo Constitucional (Decreto-Lei n.º 321/2009, de 11 de Dezembro)
p.c.p. = Pessoa Colectiva Pública
RJaM = Regime Jurídico das Áreas Metropolitanas (Lei n.º 46/2008, de 27 de Agosto)
RJAM = Regime Jurídico do Associativismo Municipal (Lei n.º 45/2008, de 27 de Agosto)
RJSEL = Regime Jurídico do Sector Empresarial Local (Lei n.º 53-F/2006, de 29 de Dezembro, com posteriores alterações)
RJUE = Regime Jurídico da Urbanização e da Edificação(Decreto-Lei n.º 555/99, de 16 de Dezembro, com posteriores alterações)
RRcivilEE = Regime da Responsabilidade Civil Extracontratual do Estado e Demais Entidades Públicas (Lei n.º 67/2007, de 3 de Dezembro)
STA = Supremo Tribunal Administrativo
TAF = Tribunal Administrativo e Fiscal
TCA-N = Tribunal Central Administrativo Norte
TCA-S = Tribunal Central Administrativo Sul
TEDH = Tribunal Europeu dos Direitos do Homem
TJ = Tribunal de Justiça da União Europeia

AULA N.º 1

SUMÁRIO:

1. Apresentação.

AULA N.º 2

SUMÁRIO:

1. Direito Administrativo, Administração Pública e as necessidades colectivas
   1.1. O conceito de interesse público
   1.2. Interesse público primário e interesse público secundário

2. Os vários sentidos da expressão «administração pública»
   2.1. Administração Pública em sentido orgânico (ou subjectivo)
   2.2. Administração pública em sentido material (ou objectivo)
   2.3. Administração pública em sentido formal

3. A Administração Pública e as funções do Estado

BIBLIOGRAFIA

AFONSO QUEIRÓ, *Lições de Direito Administrativo*, Vol. I, Coimbra, 1976, pp. 5 e 6.
DIOGO FREITAS DO AMARAL, *Curso...* cit., pp. 45 a 48.
JOÃO CAUPERS, *Introdução...* cit., pp. 29 ss.
JOSÉ EDUARDO F. DIAS/FERNANDA PAULA OLIVEIRA, *Noções fundamentais...* cit., pp. 11 a 16 e pp. 39 a 44.
MARCELO REBELO DE SOUSA, *Lições de Direito Administrativo*, Vol. I, Lex Edições, Lisboa, 1999, pp. 9 a 19.
MARCELO REBELO DE SOUSA/ANDRÉ SALGADO DE MATOS, *Direito Administrativo Geral*, Tomo I, Dom Quixote, Lisboa, 2004, pp. 32 a 46.
ROGÉRIO E. SOARES, *Direito Administrativo*, UCP, s.d., Porto, (*policop.*), pp. 1 a 11.

DIREITO ADMINISTRATIVO, ADMINISTRAÇÃO PÚBLICA E AS NECESSIDADES COLECTIVAS

O direito administrativo é o ramo do direito público constituído pelo sistema de normas jurídicas que regula a organização e o funcionamento da Administração Pública e as relações que esta estabelece com outros sujeitos de direito quando procede a uma actividade administrativa de gestão pública (1.). Direito administrativo é o ramo do direito que de um modo específico se refere à Administração Pública. Ora, isto leva a que tenhamos de perguntar em que consiste essa Administração. E falar de administração pública implica falar daquilo que justifica a sua existência: o interesse público ou um conjunto de necessidades colectivas cuja satisfação é assumida como tarefa fundamental pela colectividade e cuja satisfação se faz através de serviços que esta cria e mantém. Ora, cumpre saber quais essas necessidades ou os interesses que a Administração Pública satisfaz (2.) e depois cumpre ir à descoberta dessa Administração Pública (3.).

1. Comecemos pelo Direito Administrativo, para conhecer o seu *berço*

Com a Revolução Francesa é afirmado o Estado de Direito e a separação de poderes. A coroa perde o poder legislativo, que é entregue ao Parlamento, e o poder judicial, que é confiado aos tribunais, ficando apenas com o poder executivo. Com a Revolução Francesa foi proclamado expressamente, logo em 1789, o princípio da separação de poderes, com todos os seus corolários materiais e orgânicos, sendo certo que daqui resultou a separação entre o poder executivo e o poder judicial. Esta separação foi levada inicialmente longe demais. De facto, por receio de intromissão dos resistentes à mudança, o poder político teve de tomar medidas para evitar a intromissão dos tribunais no normal funcionamento do executivo.

Surgiu, assim, uma peculiar interpretação do princípio da separação de poderes: se a Administração não podia imiscuir-se nos assuntos dos tribunais, estes também não podiam interferir no funcionamento da Administração. Ora, em 1790 e em 1795 foram publicadas duas leis muito curiosas: uma lei que afirma claramente a separação entre as funções administrativa e jurisdicional e uma lei que proíbe os juízes de conhecer os litígios que envolvem a Administração, sob pena de aplicação de sanções: a *Lei de 16-24 de Agosto de 1790* e a *Lei 16 Fructidor do ano III*.

Como se compreende, desta interpretação do princípio da separação de poderes resultou uma situação paradoxal: a Administração ficou subtraída à jurisdição dos tribunais comuns e liberta de qualquer controlo jurisdicional.

E depois? Como se resolveu esta situação?

Na verdade, passou a entender-se que em caso de conflito, os particulares teriam de recorrer à própria Administração. Bonaparte esboçou, pois, uma nova revolução, criando no seio do próprio aparelho administrativo órgãos encarregados de estudar os assuntos contenciosos. E em 1799 (ano VIII) são criados os tribunais administrativos (*Tribunaux Administratifs*): O *Conseil d'État*, junto do poder central, e os *Conseils de Préfecture*, junto de cada Prefeito.

Inicialmente, o *Conseil d'État* tratava-se de um órgão consultivo, que, depressa, se viu encarregado de preparar as soluções para dirimir conflitos entre a Administração e os particulares. Em 1806, foi criada no seio do Conselho de Estado uma secção especializada em contencioso que era competente para ouvir as partes segundo um processo jurisdicionalizado e que propunha a solução para o conflito (que depois deveria ser confirmada pelo Chefe de Estado). Este é o sistema de *justice retenue*. E, em 1872, através da Lei de 24 de Maio, passou-se da *justice retenue à justice déléguée*, tendo este órgão sofrido uma transformação significativa. Ele adquiriu a natureza de verdadeiro órgão jurisdicional, passando a resolver os conflitos entre os particulares e a Administração, «em nome do povo».

Quando surge o direito administrativo, afinal?

Como o Conselho de Estado não estava vinculado ao Código Civil, rapidamente foi criando regras especiais, que atribuíam poderes de autoridade e «poderes exorbitantes» à Administração, relativas à prestação de serviços, prática de actos, contratos e responsabilidade. É então que surge o Direito Administrativo, com esta natureza especial: a favor da Administração. E, neste quadro, «O conselho de Estado segregou o direito administrativo como uma glândula segrega a sua própria hormona» (P. WEIL).

Contudo, pouco a pouco, uma outra preocupação foi sendo revelada na jurisprudência do Conselho de Estado e nas regras por si criadas: a de atribuir garantias aos particulares perante a Administração. Ora, estava então revelada a função do Direito Administrativo: encontrar um justo equilíbrio entre a entrega de poderes de autoridade à Administração e a entrega de garantias aos particulares, sujeitando a Administração a especiais deveres.

Eis, pois o direito administrativo francês: «excelente artigo de exportação» (RIVERO) que influenciou largamente o direito administrativo dos restantes países do ocidente da Europa Continental, como designadamente o direito administrativo português.

O nascimento do direito administrativo terá sido, então, fruto de um mero acaso histórico?

Não totalmente. De facto, a Revolução Francesa foi a condição necessária para o surgimento do direito administrativo com as características que hoje tem, mas não foi a condição suficiente. Na verdade, o direito administrativo tem uma vocação universal, não obstante o carácter *sui generis* do seu nascimento e desenvolvimento. É disso prova o surgimento do direito administrativo nos sistemas de administração judiciária (ou de tipo Inglês). Assim, onde quer que haja Administração Pública a prosseguir o interesse público, onde quer que haja uma forte intervenção da Administração Pública, tem de existir direito administrativo, já que este regula não só a organização e o funcionamento da Administração Pública – e, por isso, atribui-lhe poderes em nome da primazia do interesse público sobre o interesse dos particulares –, como também regula o relacionamento desta com os Particulares, estabelecendo as respectivas garantias (através da imposição de deveres especiais à Administração).

Assim, como bem se compreende, nas normas de direito administrativo encontramos a concretização de dois objectivos:

a) por um lado, vingam as exigências da acção administrativa na prossecução dos interesses gerais,

b) por outro, vingam as exigências de garantia dos direitos e interesses legítimos dos particulares perante o poder administrativo.

Serão esses os objectivos que o direito administrativo realiza, entre nós, na actualidade? E será esse o mesmo direito administrativo que conhecemos hoje?

É certo que *este direito administrativo* (de que acabámos de conhecer a origem) se configura distinto daquele que existe neste início do século XXI, apresentando-se, pois, como uma realidade nova (obrigando a questionar se actualmente existe *um novo direito administrativo* e impondo à ciência do direito administrativo uma nova metodologia de estudo[1]). Sem aderir necessariamente à corrente dogmática que entende tratar-se de uma mudança de paradigma, devemos confessar que, no mundo globalizado, o direito público em geral (e o direito administrativo em especial), sofreu, de facto, sérias transformações, que também atingiram o Estado e as Administrações Públicas, tendo alterado os respectivos papéis. E, por conseguinte, o direito administrativo tem sentido o impacto de um conjunto de fenómenos recentes, como sejam a globalização da economia, a *descentralização* política, a liberalização e as privatizações (em sentido material e organizatório), o desenvolvimento das tecnologias de informação e comunicação, o *boom* migratório, a proliferação de figuras de administração independente, algumas delas com funções de regulação[2]. E, ademais, cumpre perceber que o nosso direito administrativo é também fruto da internacionalização e europeização que se faz especialmente sentir em alguns dos seus domínios especiais[3].

Depois, o direito administrativo, porque é aquilo que a Lei Fundamental determina, também tem evoluído em paralelo com as transformações introduzidas no Direito Constitucional. Afinal, como afirma F. WERNER, o direito administrativo é «direito constitucional concretizado» e, por isso mesmo, este ramo de direito é aquele que mais reflecte e acompanha as vicissitudes constitucionais. Por exemplo, tal como da Constituição de 1911 nasceu um direito

---

[1] A este propósito, cumpre sobretudo ter em conta a ciência alemã do direito administrativo e especialmente os diversos textos de E. SCHMIDT ASSMANN (incluindo os por si coordenados). A este propósito, vd., designadamente, AA.VV., *Grundlagen des Verwaltungsrechts. Band I: Methoden, Maßstäbe, Aufgaben, Organisation*, eds. W. HOFFMANN-RIEM/E. SCHMIDT-AßMANN/A. VOßKUHLE, München, 2006. Para uma síntese, vd., E. SCHMIDT-ASSMANN, «Cuestiones fundamentales sobre la reforma de la teoria general del derecho administrativo. Necesidad de la innovación y presupuestos metodológicos», in : *Innovación y reforma en el derecho administrativo*, (editor JAVIER BARNES), Sevilla, 2006, pp. 15 ss.. Sobre o tema, mas em sentido não totalmente coincidente, vd., SABINO CASSESE, *La globalización jurídica*, Madrid/Barcelona, 2006. Entre nós, vd. SUZANA TAVARES DA SILVA, *Um novo direito administrativo?*, Coimbra, 2010.

[2] Sobre este tema, vd. O. MIR PUIGPELAT, *Globalización, Estado y Derecho. Las transformaciones recientes del Derecho Administrativo*, Madrid, 2004; J.-C. ALLI ARANGUREN, *Derecho administrativo y globalización*, Madrid, 2004. Entre nós, a propósito dos fenómenos de liberalização, privatização e regulação, vd. VITAL MOREIRA, *Auto-regulação profissional e administração pública*, Coimbra, 1997; MARIA JOÃO ESTORNINHO, *A fuga para o direito privado*, Coimbra, 1996; PEDRO GONÇALVES, *Entidades privadas com poderes públicos*, Coimbra, 2005.

[3] Sobre o tema, vd., MARIO P. CHITI, *Derecho administrativo europeo*, Madrid, 2002; SANTIAGO GONZÁLEZ-VARAS IBÁÑEZ, El derecho administrativo europeo, 3.ªed., Sevilla, 2005; MICHEL FROMONT, *Droit administratif des États européens*, Paris, 2006; AA.VV, *Droit administratif européen*, sous la direction de J.-B. AUBY/ J. DUTHEIL DE LA ROCHÈRE, Bruxelles, 2007; M. RUFFERT, «De la europeización del derecho administrativo a la unión administrativa europea», in: *La unión administrativa europea*, (coords. F. VELASCO CABALLERO/J.-P. SCHNEIDER),Madrid/Barcelona/Buenos Aires, 2008, pp. 87 ss. Entre nós, vd. SUZANA TAVARES DA SILVA, *Direito administrativo europeu*, Coimbra, 2010.

administrativo republicano e liberal, da Constituição de 1933 proveio um direito administrativo autoritário e conservador, sendo certo que da Constituição de 1976 resultou, com naturalidade, um direito administrativo democrático e de forte cunho social. E, em matéria de organização administrativa, a tendência tem sido no sentido de substituir os cargos de nomeação por cargos electivos; descentralizar, quer em sentido territorial quer associativo, e desconcentrar, tanto na forma de desconcentração originária, através da lei, como por delegação de competências. Ainda cumpre realçar a fuga para o direito privado e a privatização e o surgimento das entidades administrativas independentes, a que Freitas do Amaral chama *coqueluche*. Para cumprir os objectivos traçados pelo legislador constituinte no que respeita à estrutura da Administração Pública, falta concretizar a regionalização. No que respeita ainda às mudanças constitucionais e à evolução do direito administrativo em Portugal, cumpre destacar, do ponto de vista da actividade da Administração, a procedimentalização da actuação administrativa, a concretização do direito de participação e dos direitos à informação administrativa e extra-procedimental, a obrigatoriedade da audiência prévia dos interessados e o dever de fundamentação das decisões administrativas lesivas.

Bibliografia Complementar

EDUARDO GARCÍA DE ENTERRÍA, *Revolución Francesa y Administración Contemporánea*, 5.ª ed., 1998, Civitas, Madrid.
PROSPER WEIL, *O Direito Administrativo*, Almedina, 1977, tradução de Maria da Glória Ferreira Pinto.
DIOGO FREITAS DO AMARAL, *Última Lição. A evolução do Direito Administrativo português nos últimos 50 anos*, Almedina, Coimbra, 2007.)

2. E depois, falemos das necessidades colectivas

Há, de facto, interesses gerais e comuns a um grupo amplo de pessoas, cuja satisfação depende da colectividade politicamente organizada. Por conseguinte, é a comunidade politicamente organizada que provê à realização do bem comum, da *salus publica*, isto é, que provê à satisfação das necessidades do grupo para a realização da *paz social*, segundo uma ideia de *justiça*. Ora, este interesse público designa-se por *interesse público primário*. Assim, interesse público primário é o interesse público por excelência, o bem comum, que constitui a raiz ou a alma de uma sociedade política, englobando os fins primordiais que caracterizam o Estado. E compete aos órgãos políticos e é tarefa da função legislativa.

E a satisfação deste interesse público vai exigir a individualização de pretensões secundárias ou *interesses públicos secundários*, que são instrumento necessário da realização do bem comum (o vestuário, a alimentação e o ensino são meios para a afirmação do interesse público primário). E o interesse público secundário corresponde àquelas necessidades colectivas que as autoridades vão, em maior ou menor necessidade, satisfazer, através de meios institucionais e materiais próprios, a fim de realizarem aqueles que são os objectivos fundamentais da comunidade política.

Com efeito, lembrando a lição de FREITAS DO AMARAL, as necessidades de segurança e protecção dos cidadãos contra a perturbação da ordem e da tranquilidade públicas são asseguradas pela colectividade através dos serviços de polícia; a necessidade de construção e manutenção de estradas, auto-estradas, pontes, viadutos, portos e aeroportos nacionais é satisfeita através de serviços de obras públicas; a necessidade colectiva de protecção de pessoas e bens contra incêndios ou inundações é satisfeita através dos serviços de bombeiros e de protecção civil.

Já para satisfazer as necessidades de prestação de cuidados de saúde, informação médica, e a prevenção de riscos e perigos para a saúde pública existem os serviços de saúde, como hospitais, centros de saúde, delegados de saúde e os laboratórios e centros de investigação.

A necessidade de deslocação, em grande massa, dos habitantes das cidades e vilas é proporcionada pelos serviços de transportes colectivos; as telecomunicações nacionais e internacionais são asseguradas pelos serviços de correio e telefones; a defesa militar contra ameaças externas é assegurada pelas Forças Armadas; nos centros urbanos a remoção dos lixos é executada pelos serviços de limpeza; a rede de esgotos é assegurada pelos serviços de saneamento básico; a necessidade de distribuição ao domicílio de água, electricidade e gás é assegurada pelos correspondentes serviços mantidos pela colectividade; as relações exteriores e a protecção dos cidadãos nacionais residentes no estrangeiro são asseguradas pelos serviços diplomáticos e consulares; a identificação dos cidadãos, das empresas e do património é feita através dos serviços de registo civil, comercial e predial.

E há necessidades de carácter cultural e social que são também satisfeitas através de serviços que a colectividade cria e mantém para benefício da população: museus, bibliotecas, escolas, universidades, centros de investigação, infantários, asilos, centros de segurança social, habitações económicas. Todos estes serviços são exemplos de serviços criados e mantidos pela colectividade para assegurar a realização de necessidades de carácter cultural e social.

Necessidades há que podem ser satisfeitas individualmente, por particulares. Na realidade, o padeiro, o condutor de táxi, o industrial, o médico, o empreiteiro e o empresário podem individualmente satisfazer necessidades colectivas. Contudo, não obstante tais necessidades serem satisfeitas através das actividades económicas dos particulares, ou seja, através de uma administração privada, nem por isso estão isentas da intervenção dos serviços públicos. Na verdade, essas actividades são reguladas, fiscalizadas, autorizadas e apoiadas pelos serviços públicos competentes.

Com efeito, o padeiro, o condutor de táxi, o industrial, o empreiteiro e o empresário estão sujeitos à intervenção daqueles serviços, seja através do licenciamento de obras particulares, autorização de funcionamento de indústrias e autorização para o exercício de actividades, fiscalização de estabelecimentos comerciais, atribuição de subsídios, de crédito agrícola ou fomento turístico.

Enfim, a satisfação destas necessidades e de outras exige avultados serviços e meios humanos. Daí que seja necessária uma organização de serviços, de recursos materiais e de pessoas para que funcionem com regularidade e eficiência. Deve, pois, acrescentar-se àqueles serviços outros, tais como os serviços de pessoal e serviços financeiros que, entre outros aspectos, são responsáveis pelo lançamento e cobrança de impostos, organização de alfândegas, fiscalização das contas e dinheiros públicos... etc.

Enfim, estamos a falar de um conjunto variado de necessidades colectivas que podem agrupar-se em três espécies fundamentais: a segurança, a cultura e o bem-estar. Cumpre, agora, dizer, a título de conclusão, que cabe à administração pública satisfazer tais necessidades.

Ainda que mereça uma posterior explicação, cumpre dizer, acompanhando FREITAS DO AMARAL, que, em princípio, onde há uma necessidade colectiva há um serviço público a satisfazê-la, em nome e no interesse da colectividade.

Nos termos do art. 266.º, n.º 1 da CRP, a Administração Pública deve proceder à prossecução do interesse público no respeito pelos direitos e interesses legalmente protegidos dos cidadãos, sendo que o interesse público corresponde, pois, às necessidades sociais de natureza material ou espiritual, cuja satisfação se considera relevante para a comunidade, em termos de dever ser assegurada, em maior ou menor grau, através de meios públicos normativos e práticos.

Por várias razões, esta é uma afirmação que merece mais atenção. E assim é, desde logo, se a entendermos no quadro do **Estado pós-social de direito**, isto é, no contexto de uma Administração que deixou de ser prestadora e passou a ser **conformadora (ou de infra-estruturas)**, e segundo a lógica de uma Administração que já não tem a função de prestar, mas tem antes a função de criar condições favoráveis a que as entidades jurídico-privadas actuem, regulando-as.

A afirmação «onde há uma necessidade colectiva há um organismo público para a satisfazer» merece reparo, porque há necessidades que são satisfeitas pela actividade de particulares, como vimos a propósito do padeiro, do taxista, do médico e do empresário. Outras vezes, o Estado (ou outras entidades públicas) convidam os particulares para se ocuparem de tais tarefas, atribuindo-lhes poderes especiais. Neste caso, os particulares podem colaborar com as entidades públicas, configurando-se uma *situação de exercício privado da função administrativa*. Assim acontece com o empreiteiro de obras públicas e com os concessionários de serviços públicos. Estes pagam-se pelo seu investimento através de preços que cobram aos utentes dos serviços. Outras vezes, são os próprios serviços do Estado ou de outras entidades públicas que *despem os seus poderes de autoridade* e *descem do pedestal*, procurando actuar sob a veste do direito privado, ao lado dos particulares, na tarefa de satisfação daquelas necessidades. Pretendem, através do estatuto de direito privado, atingir maior flexibilidade, uma maior concorrência e até o lucro...

Enfim, nem todos os serviços que funcionam para satisfação das necessidades colectivas têm a mesma origem e natureza:

Alguns são criados pelo Estado (polícia e impostos são forçosamente serviços do Estado). Outros são entregues a organismos que até podem ser criados pelo Estado mas que se auto-sustentam financeiramente. Alguns serviços são mantidos e administrados pelas comunidades locais autárquicas (como sejam os serviços municipais de obras, de limpeza, de abastecimento público). Certos serviços são prestados tanto por instituições particulares como por instituições públicas. Na realidade, as necessidades relativas à educação, à saúde, à assistência à infância e à velhice tanto podem ser satisfeitas por entidades públicas como entidades particulares. Aliás, há domínios, como o da saúde, onde os serviços oferecidos à colectividade podem ser resultado de parcerias público privadas, como acontece, designadamente, no domínio da saúde ou na construção de infra-estruturas rodoviárias. Ademais, há serviços que são prestados exclusivamente por entidades empresariais, sendo certo que algumas delas têm natureza jurídica pública – as (hoje) designadas Entidades Públicas Empresariais – e outras possuem estatuto jurídico privado, as sociedades comerciais de capitais exclusivamente públicos ou de capital misto. E ainda há serviços prestados por sociedades comerciais de capitais maioritariamente privados, por associações e fundações privadas, alguns destes criados por organismos públicos.

A realização das necessidades que enumeramos a título exemplificativo exige, pois, um vasto e complexo conjunto de entidades e organismos com diferente natureza e origem. Daí a inevitável pergunta: **Qual destes serviços e organismos pertence à Administração Pública?**

Para respondermos à questão, temos de distinguir os dois sentidos da expressão administração pública, já que alguns deles são administração pública num sentido, mas já o não são num outro sentido.

3. Administração Pública: os vários sentidos da expressão administração pública

São dois os principais sentidos da expressão administração pública:

1 – Administração Pública, em sentido orgânico ou em sentido subjectivo. Ou seja, a AP aparece como sinónimo de organização administrativa (Exemplo: fulano entra para a AP, ou reformou-se da AP);

2 – Administração pública, em sentido material ou em sentido objectivo. Ou seja, administração pública aparece como sinónimo de actividade administrativa e função administrativa (Exemplo: a administração pública é lenta, é complexa, é burocrática);

3 – Administração pública em sentido formal, designa o modo próprio e particular de actuação dos organismos públicos. Neste sentido, administração pública é sinónimo de exercício do poder administrativo através de actos (actos administrativos e regulamentos) **dotados de valor formal e de uma força jurídica especial que se caracteriza pela sua autoridade.** Exemplo da ordem de demolição de imóvel que ameaça ruína: o poder de auto-tutela declarativa e auto-tutela executiva para melhor realizar o interesse público.

Ao longo do semestre do curso de Direito da Organização Administrativa falaremos, sobretudo, em Administração Pública no primeiro sentido, no sentido orgânico.

3.1. Administração Pública em sentido orgânico:

É o sistema de órgãos, serviços e agentes do Estado, bem como das demais pessoas colectivas públicas, que asseguram em nome da colectividade a satisfação regular e contínua das necessidades colectivas de segurança, cultura e bem-estar.

É comum pensar-se que a Administração Pública se resume aos serviços centrais do Estado, ao Governo, aos Ministérios e às Direcções-Gerais. Contudo, não é bem assim. **O Estado** é a principal entidade pública, a principal pessoa colectiva pública das que integram a Administração. **O Governo** é o

mais importante órgão administrativo do país. E os Ministérios e as Direcções-
-Gerais têm uma importância indiscutível no panorama administrativo. Contudo, não passam de uma parte da Administração Pública. O próprio Estado tanto tem órgãos e serviços centrais, situados em Lisboa e com competência que se estende a todo o país, como tem órgãos locais, situados nas regiões, nos distritos e nos concelhos. Assim acontece com os Governos Civis, as Repartições de Finanças, os Serviços Escolares, os Serviços do ambiente, etc. Enfim, nem a Administração Pública se limita ao Estado, nem a actividade administrativa é exclusiva do Governo e dos serviços centrais e periféricos do Estado.

Para além do Estado, há um conjunto de entidades administrativas dele distintas, que têm personalidade jurídica própria e autónoma. É o caso dos Municípios, Freguesias e Regiões Autónomas, Universidades Públicas, Institutos Públicos, Associações Públicas, pessoas colectivas particulares de utilidade pública e entidades empresariais, quer de estatuto público quer de estatuto privado, pertencentes ao Estado ou ao sector autárquico.

Hoje, a administração pública é fundamentalmente uma administração estadual, ao contrário do século XIX que era sobretudo de âmbito municipal. A administração de base institucional, que é uma forma de administração estadual indirecta, cuja criação resulta de uma devolução de poderes, ganhou nos últimos anos uma expansão significativa. E as autarquias locais, que são consideradas pela CRP como elementos obrigatórios, elementos da organização democrática do Estado e como verdadeiro poder local (art. 235.º ss.), exercem uma administração independente perante o Estado. Os Municípios são, na verdade, formas de administração pública autónoma, de existência muito anterior ao próprio Estado!

Enfim, a Administração Pública em sentido orgânico é hoje constituída por um conjunto significativo de entidades (mais de 5 000 pessoas colectivas públicas), organismos, departamentos, serviços públicos (mais de 55 000), servidores da administração pública (mais de 520 000) que não é fácil conhecer e delimitar.

3.2. A administração pública em sentido material

Este enorme e denso aparelho constituído por pessoas colectivas públicas, serviços e indivíduos existe para actuar. Dessa actuação nasce a actividade administrativa ou administração pública em sentido material. A administração pública em sentido material é a actividade de administrar: é tomar decisões e concretizá-las através de acções e operações com vista à satisfação regular de certas necessidades, utilizando os recursos mais adequados e as formas mais convenientes.

Podemos assim definir administração pública em sentido material como a actividade típica dos serviços públicos e agentes administrativos, desenvolvida no interesse geral da colectividade, com vista à satisfação regular e contínua das necessidades colectivas de segurança, cultura e bem-estar económico e social, obtendo para o efeito os recursos mais adequados e utilizando as formas mais convenientes.

Ao definirmos administração pública em sentido material estamos a tocar no conceito de função administrativa, não obstante as dificuldades que a sua definição encerra e que estudaremos mais à frente neste curso.

Durante muito tempo, a função administrativa, a função política, a função legislativa e a função jurisdicional estiveram misturadas e a cargo de uma só entidade: o Rei. Não existindo, nessa altura, qualquer separação entre elas. Depois das revoluções liberais, depois de instituída a separação de poderes, o Rei perdeu a função legislativa e a jurisdicional, e apenas conservou a política e a administrativa, limitando-se a policiar e cobrar impostos.

A função administrativa foi, inicialmente, concebida como uma função executiva. Segundo a Constituição de 1933, ao Governo cabia assegurar a boa execução das leis. Contudo, a partir do momento em que o Estado alargou enormemente o seu campo de actividades, designadamente no domínio da administração prestadora (e, mais recentemente, de administração conformadora), muitas vezes, em concorrência com os particulares, a noção anterior tornou-se insuficiente. Hoje, de acordo com a Constituição, sabe-se que ao Governo não cumpre somente assegurar a execução das leis. Cabe-lhe também, e para alguns em termos de reserva material ou de administração, praticar todos os actos e tomar todas as providências necessárias à promoção do desenvolvimento económico-social e à satisfação das necessidades colectivas.

Neste sentido, a função administrativa é aquela que se traduz na actividade necessária à satisfação das necessidades colectivas, sendo certo que esta actividade é desenvolvida no respeito pelo quadro legal pré-estabelecido e sob a direcção dos representantes da colectividade.

Considerando a definição de administração pública em sentido material (= função administrativa) indicada por FREITAS DO AMARAL – *administração pública é a actividade típica dos organismos e indivíduos que, sob a direcção ou fiscalização do poder político, desempenham em nome da colectividade, a tarefa de prover à satisfação regular e contínua das necessidades colectivas de segurança, cultura e bem-estar económico e social, nos termos estabelecidos pela legislação aplicável e sob o controle dos tribunais competentes* – podemos referir que, entre a função administrativa e as outras funções do Estado, pode estabelecer-se o seguinte quadro de relacionamentos:

– A função administrativa é instrumental da função política;
– A função administrativa encontra-se subordinada à função legislativa;
– A função administrativa é controlada pela função jurisdicional.

A função administrativa caracteriza-se como actividade típica, sendo uma actividade distinta das demais. Com efeito, não se confunde nem com administração privada, nem com outras actividades desenvolvidas pelos poderes públicos. Há, portanto, traços distintivos e traços comuns que cumpre apresentar:

Quanto à distinção entre administração pública e administração privada, estas distinguem-se, designada e tendencialmente, segundo três critérios: (*i*) **objecto** sobre que incidem, (*ii*) fim e (*iii*) meios.

i) Enquanto a administração pública versa sobre necessidades colectivas assumidas como tarefa e responsabilidade própria da colectividade, a administração privada incide sobre necessidades individuais ou necessidades de grupo que, todavia, não atingem a generalidade da colectividade.

ii) Enquanto a administração pública prossegue sempre um interesse público – o bem comum –, sendo que este é o único legítimo a prosseguir, a administração privada tem em vista interesses individuais que podem até ser opostos ao público: pode ser o lucro, o êxito pessoal ou altruísta. A administração pública prossegue sempre o interesse público definido na lei. O fim imediato e directo da administração privada é o interesse particular (que até pode coincidir com o interesse geral).

iii) Enquanto a administração pública beneficia de meios especiais, designadamente de instrumentos jurídicos caracterizados por autoridade e força jurídica próprias – *maxime* o acto administrativo –, a administração privada serve-se dos meios jurídicos ao dispor dos demais particulares, numa lógica de igualdade: celebra contratos.

Enquanto as funções política e a legislativa são funções primárias, a função administrativa e a função jurisdicional são funções secundárias:

A função política corresponde à prática de actos que exprimem opções sobre a definição e prossecução dos interesses essenciais da colectividade. É uma actividade intensamente de natureza inovadora. Não obstante não serem insensíveis uma à outra, esta função distingue-se da função administrativa:

i) ***Quanto ao fim:*** a política visa definir o interesse geral da colectividade. A administrativa prossegue outro objectivo: realizar, em termos concretos, o interesse geral da colectividade definido pela função política;

ii) ***Quanto ao objecto:*** a política tem como objecto as grandes opções que o país enfrenta ao traçar os rumos do seu destino colectivo. A função política escolhe as prioridades para o país. A função administrativa tem como objecto a satisfação regular e contínua das necessidades colectivas: cultura, segurança e bem-estar.

iii) ***Quanto à natureza:*** a função política é criadora, uma vez que tem de inovar no momento de escolher as linhas fundamentais para a conservação e desenvolvimento da colectividade. Tem carácter livre e primário. A função administrativa tem natureza executiva: põe em prática as orientações tomadas a nível político. Por isso, tem carácter condicionado e secundário.

A função administrativa também se distingue da função legislativa:

i) A função legislativa é a actividade permanente do poder político que consiste na elaboração de regras de conduta social de conteúdo primacialmente político, revestindo determinadas formas previstas na Constituição.

ii) A função administrativa é uma actividade totalmente subordinada à lei: a lei é o fundamento, o critério e o limite de toda a actividade administrativa.

Em síntese: Não cabe à função administrativa nem a definição de necessidades colectivas, nem a selecção daquelas que deve satisfazer, nem sequer a ordenação de prioridades ou o traçado dos grandes princípios materiais, orgânicos e formais a que deve obedecer essa satisfação.

A função administrativa e a função jurisdicional:

Não obstante serem ambas funções secundárias, executivas e subordinadas do Estado-colectividade, distinguem-se pelos seguintes traços e fundamentalmente pelos objectivos prosseguidos: Uma consiste em julgar a outra em gerir. Enquanto a função jurisdicional visa aplicar o direito aos casos concretos, defendendo os direitos e interesses legalmente protegidos dos particulares, a função administrativa visa prosseguir interesses gerais da colectividade. Enquanto a função judicial tem uma actividade fundamentalmente intelectiva, de interpretação da Constituição e das leis e integração de lacunas, com vista a resolver questões de direito e a dirimir conflitos entre interesses privados ou entre interesses públicos e privados, a função administrativa tem uma componente mais volitiva e compreende tanto a prática de actos jurídicos como a prática de operações materiais. Além de que o leque de necessidades colectivas que a função administrativa visa satisfazer não se circunscreve à mera realização do Direito. Enquanto os tribunais – encarregados do exercício da função jurisdicional – se caracterizam pela independência, pela passividade e pela imparcialidade, já os órgãos administrativos se afirmam pela hierarquia, a iniciativa e a parcialidade. Também a existência ou não da inamovibilidade e responsabilidade dos seus titulares demarca as duas funções do Estado. Assim, os titulares do exercício da função jurisdicional gozam do estatuto da inamovibilidade e de irresponsabilidade, concebido para garantir a sua independência. Os da função administrativa actuam de forma interdependente, obedecendo ao princípio da hierarquia administrativa, que permite que os superiores disponham de poderes de supremacia e impõe aos subalternos a obediência. Por outro lado, são obrigados por lei a iniciativa: sempre que estão preenchidos os pressupostos da sua intervenção, estes têm de actuar, não podendo ficar à espera de solicitação dos cidadãos. Quando actuam, devem prosseguir o interesse público a seu cargo, com primazia sobre os demais interesses: nisto reside a sua parcialidade. Finalmente, sempre nos termos que a lei determinar, os titulares dos órgãos administrativos são amovíveis, em função do interesse público e respondem disciplinar, civil e criminalmente pelo modo como desempenham as suas funções.

Em síntese:

O essencial reside no plano dos objectivos prosseguidos por cada uma das funções: ambas aplicam a constituição e as leis e a prática de actos jurídicos, sendo que esta esgota a função jurisdicional e só preenche uma parte da função administrativa. Ao passo que, para a função administrativa, a execução da Constituição e das leis coexiste com a satisfação das necessidades colectivas económicas, sociais e culturais, para a função jurisdicional a aplicação do ordenamento jurídico é tanto meio como fim. O essencial da função jurisdicional reside na realização da paz jurídica, na afirmação do direito e na resolução de conflitos de interesses à luz de valores. Já o essencial da função administrativa está na afirmação da prevalência do interesse público concreto, impondo o sacrifício dos demais interesses, através da aplicação da Constituição e leis.

PERSPECTIVA PRÁTICA

I

A FUNÇÃO ADMINISTRATIVA PERANTE AS DEMAIS FUNÇÕES DO ESTADO-COLECTIVIDADE

A JURISPRUDÊNCIA DOMINANTE DO STA SOBRE O TEMA

Considere-se a seguinte situação prática:

Por deliberação camarária, o proprietário e a arrendatária de parte de edificação (onde funcionava um restaurante) foram intimados a retirar a conduta de exaustão de fumos e cheiros ilicitamente instalada na caixa de elevadores, no espaço destinado a um monta-cargas previsto no projecto licenciado mas nunca instalado, e a substituírem-na por um sistema de exaustão eficiente fora dessa caixa.

Uma vez que estes nada fizeram para cumprir a decisão referida, *a Câmara Municipal ordenou ao proprietário* para retirar a conduta de exaustão construída no espaço reservado ao monta-cargas e a proceder à montagem deste e *decretou o despejo sumário da inquilina* que explorava o restaurante. Esta, ao tomar conhecimento da ordem de despejo, recorreu aos tribunais e invocou que a ordem é nula por usurpação de poder.

Como decidiu o STA?

O STA entendeu que «a norma do art. 165.º do RGEU, enquanto concede às Câmaras Municipais poder para ordenar o despejo sumário dos inquilinos e demais ocupantes das edificações ou partes das edificações utilizadas sem as respectivas licenças ou em desconformidade com elas, não padece de inconstitucionalidade material, por pretensa violação do princípio da reserva da função jurisdicional (art. 202.º, n.º 1 e n.º 2 CRP), nem consequentemente a deliberação impugnada ao decretar o despejo da ora recorrida padece de vício de usurpação de poder (...). E esclareceu que «a função jurisdicional só está em causa quando, ao resolver-se um conflito de pretensões jurídicas entre dois cidadãos ou entre cidadãos e o Estado, apenas se pretende prosseguir o interesse público da "paz jurídica" (...)». «Ao decretar o despejo, a Administração não intervém com a finalidade de dirimir conflitos de interesses, de acordo com as regras aplicáveis, mas antes na prossecução do interesse público, que lhe está legalmente confiado, de reprimir a ilegalidade urbanística consubstanciada na execução de obras ou na utilização de edificações ou partes destas sem licença ou em desconformidade com ela (...)».

Acresce que o despejo sumário tem o sentido de desocupação de pessoas e bens do local utilizado sem ou em desconformidade com a licença de utilização e que, muitas vezes, surge como medida prévia indispensável à demolição de construções executadas sem ou em desconformidade com a respectiva licença ou que constituam perigo para a saúde e segurança das pessoas (...)».

Sendo certo que:

O Acórdão do Tribunal Constitucional n.º 568/98, de 07.10.1998, não considerou inconstitucional a norma constante do art. 165.º, § 4 do RGEU, na parte em que habilita as câmaras municipais a decretarem despejos das edificações ou partes das edificações utilizadas sem as respectivas licenças ou em desconformidade com elas, por entender que a mesma não ofende o princípio constitucional da reserva do juiz.

Atente no conteúdo dos seguintes acórdãos do STA:

i) Acórdão de 23.06.1977 (proc. n.º 010064): «Está inquinado de usurpação de poderes o despacho de Ministro dos Assuntos Sociais que anula as eleições para os órgãos de uma Instituição Particular de Assistência, no domínio do Decreto-lei n.º 387/75, de 22 de Julho. A usurpação de poderes gera a nulidade do acto».

ii) Acórdão de 09.05.2000 (proc. n.º 043672): «O vício de usurpação de poderes consiste em um órgão da Administração decidir uma questão que é da competência dos tribunais ou do poder legislativo, traduzindo-se numa forma de incompetência agravada, por falta de atribuições. Não incorre em tal vício (tendo em vista entre outros, o enunciado nos arts. 51.º, n.º 2, d) do Decreto-lei n.º 100/84, de 29 de Março, com redacção da Lei 18/91, e artigos 9.º, 10.º, 12.º e 166.º do RGEU (*Regulamento Geral das Edificações Urbanas*), o acto administrativo da autoria do Vereador de Câmara Municipal traduzido na intimação ao munícipe para que, com vista à salvaguarda do interesse público de assegurar condições de salubridade do imóvel em causa, procedesse às obras ali especificadas, sob pena de as mesmas serem feitas a expensas da Câmara».

iii) Acórdão de 30.10.1980 (proc. n.º 013453): «É nulo, por usurpação de poderes, o despacho em que o Secretário de Estado do Fomento Agrário nega o direito a indemnização prevista no art. 8.º do Decreto-lei n.º 39209, de 14 de Maio de 1953, pelo abate compulsivo de suínos atacados da peste suína africana, visto competir aos tribunais decidir sobre se o recorrente tem ou não direito a tal indemnização».

iv) Acórdão de 8.11.2000 (proc. n.º 46098): «Não pode ser nulo, por usurpação de poder, o acto administrativo que, fundando-se em norma vigente e conforme à Constituição, exercite uma conduta cuja autoria seja atribuída à Administração por esse mesmo preceito. Assim, e ao abrigo do DL n.º 23 465, de 18.01.1934, a Administração não necessita de recorrer aos tribunais comuns para exigir a devolução ao Estado de um seu prédio ocupado sem título, podendo impor essa entrega autoritariamente (...). Assim, a ordem de desocupação do prédio não enfermou de erro (...)»

AULA N.º 3

SUMÁRIO:

1. A Administração Pública

   1.1. Perspectiva histórica (visão diacrónica):

       1.1.1. Da época medieval à moderna
       1.1.2. Do *Estado-de-polícia* ou Estado *administrador-juiz*
       1.1.3. Do Estado Liberal
       1.1.4. Do Estado Social
       1.1.5. Do Estado Pós-social

   1.2. Perspectiva de direito comparado: visão sincrónica

       1.2.1. Os sistemas de administração: caracterização do seu estado puro

           1.2.1.1. O sistema de administração executiva (de tipo francês ou sistema europeu continental ou sistema de acto administrativo)
           1.2.1.2. O sistema de administração judiciária (de tipo inglês)

       1.2.2. A inexistência de sistemas puros e a actual aproximação dos sistemas
       1.2.3. O fenómeno da europeização do direito administrativo
       1.2.4. As características típicas do sistema de administração executiva (ou sistema de acto administrativo)

BIBLIOGRAFIA DE BASE

DIOGO FREITAS DO AMARAL, *Curso...* cit., pp. 49 a 93 e pp. 99 a 124.
JOÃO CAUPERS, *Introdução...* cit., pp. 44 ss.
JOSÉ EDUARDO F. DIAS/FERNANDA PAULA OLIVEIRA, *Noções...* cit., pp. 17 a 38.
MARCELO REBELO DE SOUSA, *Lições de Direito Administrativo*, Vol. I, *Lex Edições*, Lisboa, 1999, pp. 19 a 32.
MARCELO REBELO DE SOUSA/ANDRÉ SALGADO DE MATOS, *Direito Administrativo Geral*, Tomo I, *Dom Quixote*, Lisboa, 2004, pp. 96 a 122.

BIBLIOGRAFIA COMPLEMENTAR

AFONSO QUEIRÓ, *Lições de Direito Administrativo*, (policop.) I, 1959, pp. 46 a 66.
EDUARDO GARCÍA DE ENTERRÍA, *Revolución francesa y administración contemporánea*, 5.º ed., *Civitas*, Madrid, 1998, esp. pp. 21 a 77.
FAUSTO QUADROS, *A nova dimensão do direito administrativo*, Coimbra, 1999.
ISABEL CELESTE M. FONSECA, *Introdução ao estudo sistemático da tutela cautelar no processo administrativo*, Almedina, Coimbra, 2002, pp. 185 a 208.
MARIA JOÃO ESTORNINHO, *A fuga para o direito privado*, Almedina, Coimbra, 1996, pp. 23 a 79.
PEDRO GONÇALVES, *Entidades privadas com poderes públicos*, Coimbra, 2005.
PEDRO GONÇALVES, *Regime jurídico das empresas municipais*, Coimbra, 2007.
SUZANA TAVARES DA SILVA, Um novo direito administrativo, Coimbra, 2010.
SUZANA TAVARES DA SILVA, *Direito administrativo europeu*, Coimbra, 2010.

1. ADMINISTRAÇÃO PÚBLICA: VISÃO DIACRÓNICA

A função administrativa e a Administração Pública variam no tempo, de Estado para Estado, em função, designadamente, do tipo e forma desse Estado, dos sistemas de governo e da família de direito (etc.). Há, portanto, diferentes modos jurídicos de organização e funcionamento da AP ao longo da história e em termos de direito comparado. De facto, podemos identificar tipos, grupos ou sistemas em que os modos e as formas de organização, de funcionamento e de controlo da AP têm características típicas e comuns.

Em primeiro lugar, porque os modos de ser da AP e as formas de controlo da AP não são os mesmos em todas as épocas, vamos estudar a AP no tempo: para isso usamos como marco histórico as revoluções liberais, designadamente a francesa.

Na verdade, antes do Estado Moderno e Estado Contemporâneo existiram realidades com alguma similitude com a função administrativa e a Administração Pública. Desde a Antiguidade Oriental que as necessidades colectivas são objecto de processo de satisfação colectiva e que, para assegurar essa satisfação, se formam instituições duradouras e se mobilizam recursos humanos amplos para a defesa externa e a segurança interna, a circulação de pessoas e bens e a realização de obras para a colectividade.

Também na Grécia Antiga e em Roma se verifica a existência de uma incipiente Administração Pública encarregada de garantir as necessidades colectivas. Aliás, na Roma Imperial, desenvolveu-se um sistema administrativo territorial ambicioso, que estava encarregado de satisfazer múltiplas necessidades colectivas nos domínios das infra-estruturas, do abastecimento de água, da defesa, das comunicações, dos mercados, do ensino e até do lazer. Até ao século I d. c., a mão-de-obra escrava era utilizada na realização de algumas tarefas.

No período do feudalismo (ou entre nós, do regime senhorial), com a pulverização e fragmentação do poder político, assistimos a uma quase inexistente Administração Pública central. Há, contudo, alguns órgãos centrais e alguns órgãos locais do Rei espalhados por todo o território nacional. As necessidades colectivas eram satisfeitas ou por instituições religiosas, ou no quadro de relações de vassalagem, ou ainda no âmbito da Administração Pública Local, tendo por base laços de vizinhança, nos concelhos e nas freguesias.

No Estado moderno, que arranca em alguns casos como *Estado estamental*, no qual as ordens ou estamentos (clero, nobreza e burguesia) presentes nas cortes limitam o poder real, a Administração Pública pode caracterizar-se como sendo incipiente. Muitas necessidades colectivas são satisfeitas por municípios e corporações.

Depressa se verifica a transição para as monarquias absolutas e depois para os despotismos esclarecidos. Em ambos, a concentração do poder real faz do monarca o supremo legislador, o supremo juiz e o supremo administrador, pelo que não existe separação orgânica entre as funções jurisdicional e administrativa, sendo certo que os órgãos do Rei exercem estas funções sem que se fizesse qualquer distinção.

Vejamos, com mais detalhe, como se pode caracterizar o sistema tradicional:

Assim, antes da Revolução Francesa, existia um sistema administrativo que vigorou na Europa até aos séculos século XVII e XVIII, que podemos denominar de sistema tradicional (FREITAS DO AMARAL). Este é o sistema da concentração de poderes (J. CAUPERS) ou sistema do administrador-juiz ou de «Estado-de-polícia» (M. REBELO DE SOUSA). É o sistema da monarquia absoluta ou da monarquia tradicional europeia que se caracteriza pela inexistência de separação de poderes e, por isso, pela ausência de diferenciação entre as funções administrativa e jurisdicional. Caracteriza-se também pela centralização completa do poder real. Durante o Estado absoluto, opera-se à concentração máxima de poder no Rei (sozinho ou com os seus ministros e representantes, os corregedores e os delegados). No Rei, concentra-se todo o poder, uma vez que os poderes jurisdicional e administrativo estão confundidos e entregues à mesma entidade, ao Rei (e seus funcionários). Este é a entidade suprema que administra e julga.

O Estado é também reformador da sociedade e distribuidor das luzes: atitude ou fenómeno conhecido por «despotismo esclarecido». Há uma máquina administrativa pesada dependente do Rei. Aliás, a vontade do rei é a lei suprema (*l'État c'est moi*): há o culto da Razão de Estado.

A Administração não está subordinada ao direito, sendo correcto dizer-se que a Administração não se submete ao princípio da legalidade. Na realidade, neste cenário, não há normas que regulem a AP ou se as há estas não são jurídicas e podem ser afastadas a bel-prazer das entidades públicas. Por isso mesmo, é fácil perceber que, neste quadro, nem todos paguem impostos e alguns súbditos tenham privilégios.

Como as regras jurídicas definidoras do poder são vagas, exíguas e parcelares e não reduzidas a escrito, gera-se incerteza do direito e extensão do poder discricionário (enquanto sinónimo de arbitrário): é o chamado **Estado-de-polícia**. Logo, os particulares não têm garantias perante a AP. Têm uma posição de **súbditos**. Há, em suma, um recuo em termos de garantias individuais face ao Estado.

Como bem se percebe, o sistema administrativo próprio do Estado absoluto é caracterizado pela ausência de separação de poderes e pela não submissão ao direito. Como não é Estado de direito, o Estado absoluto não oferece garantias aos particulares.

Estado Liberal de Direito

Este panorama altera-se profundamente com as revoluções liberais; designadamente com a inglesa, em 1688-89, com a Grande Revolução ou Revolução Gloriosa, e com a Revolução Francesa, em 1789.

Surge o Estado Liberal de Direito que se pode caracterizar pelos seguintes aspectos:

– **Afirmação do Estado de Direito:**

a) Os direitos do homem são vistos como direitos naturais, anteriores e superiores aos Estado: A constituição e as leis consagram (e devem consagrar) uma trilogia de valores fundamentais: liberdade, propriedade e segurança.

b) Entende-se que a lei é a expressão da vontade geral: consagra-se o princípio da legalidade. A lei é a expressão da vontade geral e, por isso, o Estado fica submetido a normas jurídicas que são obrigatórias para todos. Em vez da razão de Estado, o Estado aparece como o executor da lei.

– **Afirmação do princípio da separação de poderes:**

a) Na França, *o art. 16.º da Declaração dos Direitos do Homem e do Cidadão* prescreve o princípio da separação de poderes como garantia desses direitos do Homem.

b) O poder jurisdicional distancia-se dos demais poderes, poderes legislativo e executivo. Nenhum deles se pode intrometer nos outros.

– **Existência de garantias perante a Administração:**

a) A partir do momento em que se reconhece a existência de direitos subjectivos públicos – direitos tidos como anteriores e superiores ao Estado – que este deve respeitar, os particulares deixam de ter um estatuto de súbditos para assumirem um **estatuto de cidadãos**. Há um reforço substancial das garantias individuais perante o Estado.

Há, portanto, três ideias fundamentais do pensamento liberal que justificam o regime jurídico aplicável à AP: a ideia de liberdade, a ideia de legalidade e a ideia de separação de poderes:

a) É em nome dessa ideia de legalidade que o Estado liberal se afirma como Estado de direito: só a lei que é ditada pelo Parlamento (pelos representantes da nação) pode permitir certas agressões por parte da Administração aos direitos fundamentais dos cidadãos.

b) É em nome dessa ideia de liberdade que no Estado liberal se afirma a necessidade de limitar o poder político, através da redução ao máximo das suas tarefas. A Administração é fundamentalmente ***ablativa***: isto é, a actividade da AP reduzia-se a assegurar a protecção dos cidadãos e a impor sacrifícios aos particulares. A AP expropriava, tributava e sancionava. E o instrumento jurídico mais utilizado é o acto administrativo, que é o instrumento próprio de uma Administração autoritária.

Ademais, do Estado inspirado na filosofia liberal (e da lógica económica «da mão invisível», do *laissez faire*...) não se esperava que interferisse na vida dos cidadãos mais do que o estritamente indispensável. A máquina administrativa só poderia conceber-se como máquina pequena ou reduzida. Daí a qualificação de Estado-polícia ou «Estado guarda-nocturno», como lhe chama ROGÉRIO SOARES).

c) E é em nome da ideia da separação de poderes e da afirmação da necessidade de distinguir e afastar a função administrativa das demais funções, particularmente da jurisdicional, que em França são criados os tribunais administrativos e se opera a sujeição da Administração a um direito especial: o direito administrativo que surge como um verdadeiro «milagre» (PROSPER WEIL). Na realidade, interpreta-se o princípio da separação de poderes de modo tão radical que a lei vem proibir os tribunais comuns de se imiscuírem na actividade administrativa e de, por qualquer modo, conhecerem os litígios que surgissem entre a AP e os particulares, sob pena de se considerar que tal actuação jurisdicional poderia ter-se como passível de sanção. De facto, deste especial entendimento do princípio da separação de poderes veio a resultar a criação de tribunais administrativos e o direito administrativo como fruto da própria actuação daqueles: «o Conselho de Estado segregou o direito administrativo como uma glândula segrega a sua hormona» (PROSPER WEILL). E este é um dos traços distintivos do sistema de administração executiva que vamos estudar na segunda parte da aula.

Este quadro é de modo idêntico traçado em Portugal: A Constituição de 1822 determinou, logo no título II, a separação entre os poderes legislativo, executivo e judicial, atribuindo o primeiro às Cortes, o segundo ao Rei e aos Secretários de Estado, e o terceiro aos juízes, tendo estabelecido que «cada um destes poderes é de tal maneira independente, que não poderá arrogar a si atribuições do outro». E a Carta Constitucional de 1826 também proclamava a divisão e harmonia dos poderes e a independência do poder judicial. É nesta altura que Mouzinho da Silveira, afirmando que «a mais bela e útil descoberta moral do século passado foi, sem dúvida, a diferença de administrar e julgar», elabora e faz aprovar um conjunto de diplomas fundamentais que modificaram a Administração portuguesa. Pela sua mão nasceu a moderna Administração Pública portuguesa. Para além da inovação da separação de poderes, a centralização do sistema administrativo, de inspiração napoleónica, era também um dos seus objectivos, tendo deparado, no entanto, com alguns obstáculos.

Também, entre nós, depois da vitória do Liberalismo, em 1834, foi criado um Conselho de Estado, em 1845, e depois, em 1870, um Supremo Tribunal Administrativo, com o objectivo de tutelar os direitos e garantias dos particulares perante a Administração.

O Estado social de direito

A passagem do Estado liberal de Direito para o Estado social de Direito ocorre na década de 30 do século passado e verifica-se numa era de grandes mudanças sociais, económicas e culturais: crises económicas (crise económica de 1929) e bélicas (1.ª grande guerra), aumento demográfico e crescimento do fenómeno da urbanização.

Neste tipo de Estado, a AP intervém e assume as funções de um aparelho prestador, tornando-se indispensável (surgindo assim a «Administração gata-borralheira», como refere ROGÉRIO SOARES). É ele que promove o desenvolvimento económico, o bem-estar, a cultura e a justiça social. Se antes o Estado se contentava em *laissez faire*, como apontámos, agora o Estado propõe-se *faire elle-même* (para invocar uma expressão cara a MARIA JOÃO ESTORNINHO). Se antes a principal tarefa da AP era a segurança e a protecção dos direitos dos cidadãos, agora a sua missão não dispensava a realização da «felicidade individual» (como conclui VASCO PEREIRA DA SILVA).

Neste período do Estado social, como é colocado a cargo da Administração um rol quase infinito de atribuições (económicas, sociais, culturais, de soberania, traduzidas na missão de segurança interna e externa, de estudo, prevenção e planificação), torna-se necessário estender e aumentar os organismos da AP. A estrutura da AP modifica-se. Se antes era reduzida agora passou a **omnipre-**

sente. De facto, neste quadro assiste-se à multiplicação de organismos públicos, tendo o Estado atribuído a alguns personalidade autónoma e a outros a autonomia administrativa e financeira.

E a AP para alcançar mais flexibilidade começou também a invadir o domínio do privado: não só porque foi criando organismos privados como passou a actuar mais vezes sob a égide do direito privado. Se antes actuava mais através do acto administrativo, a decisão individual dotada de autoridade e força jurídicas, agora via-se na necessidade de actuar através do instrumento jurídico mais característico da actuação entre particulares: o **contrato**. De facto, a técnica contratual surge assim como resultado do alargamento do intervencionismo e da necessidade de a AP ganhar maior flexibilidade e celeridade na sua actuação, alcançando consenso no momento da decisão, bem como esta seria também a forma de assegurar a participação dos interessados. Aparecem as empreitadas e as concessões. A Administração deixa de ser autoritária e agressiva para ser **Administração Parceira e Prestadora**.

Neste contexto, os particulares vão deixar de ser meros cidadãos para passarem a assumir um estatuto de **utente dos serviços** que a AP lhes presta, beneficiando, ainda, das garantias contenciosas que os particulares podem efectivar junto dos tribunais.

Como bem se compreende, assim se procedeu à passagem de um Estado liberal de direito para uma Estado social de direito ou de um Estado abstencionista para um Estado intervencionista. Ou, se quisermos dizer o mesmo utilizando outra terminologia, podemos concluir que o «Estado neutro» ou «abstencionista» deu lugar ao «Estado intervencionista», o «Estado mínimo» ao «Estado providência», o «Estado-Polícia» (que não é o mesmo que Estado--de-polícia) ao «Estado de bem-estar», o «Estado jurídico» ao «Estado cultural», o «Estado legislativo» ao «Estado Administrativo» e o Estado agressivo ao Estado prestador.

O Estado Pós-social de Direito

Não ficamos, porém, por aqui. Nos últimos anos, principalmente desde a década de 70, o rosto da AP tem vindo a modificar-se significativamente. A crise do Estado de Providência, que se tem acentuado principalmente nos últimos 30 anos, conduziu a um novo modelo de Estado e de Administração Pública, sendo certo que este modelo está ainda imperfeitamente delineado. Falamos do Estado Pós-social de Direito e da «Administração Conformadora» (JOÃO CAUPERS), ou «Administração de infra-estruturas» ou «Administração prospectiva» (VASCO PEREIRA DA SILVA) ou de Administração reguladora, sendo certo que novos papéis são desempenhados agora pelo Estado. Aliás, este encontra-se, agora, num tipo de actuação em rede, estando o seu poder de decisão confrontado com outros centros de poderes que também exercem poder, ainda que de forma mais dúctil – manifestação do fenómeno da *governança* –, sendo certo que esta forma de organização em rede se faz sentir a nível global, extrapolando os *muros* da realidade Estadual.

Assim, neste modelo, seguindo uma lógica neo-liberal, pretende-se que haja menos Estado (Estado-mínimo) e mais actividades de natureza jurídico-privada, sem que se volte, contudo, ao puro Estado liberal (daí o surgimento do *Estado-Regulador*). Deseja-se agora que o Estado crie as condições favoráveis para que as actividades privadas se realizem, em condições de igualdade. Acentua-se neste modelo de Estado o movimento de privatização que se traduz no recurso às formas jurídico privadas de organização e de actuação da Administração ou na colaboração dos particulares com as entidades públicas (designadamente através de parcerias).

Na realidade, por causa do crescimento desmesurado da AP prestadora surgiram fenómenos de ineficiência e burocracia, aumento de despesa com a máquina estadual e falta de imparcialidade (e até corrupção). Por tudo isto, aos poucos, foi-se pondo em causa o próprio crescimento do Estado e das suas funções, tendo-se repensado a dimensão da máquina administrativa e o tipo de tarefas colocadas a seu cargo. A determinado momento, foi sendo apontada uma solução para encontrar a eficiência. Assim, recorrer à privatização e à revalorização da sociedade civil foi uma proposta levada a sério, tendo-se distinguido, para o efeito, as actividades jurídico-públicas susceptíveis de privatização. E isto significou também convidar as entidades privadas para desempenharem tarefas públicas, através do contrato e de parcerias público privadas. Outras vezes, propôs-se transferir para o sector privado serviços públicos, através da criação de serviços segundo as formas jurídico-privadas, nomeadamente através da forma de sociedades comerciais, associações e fundações privadas[4]. Aliás, no quadro actual, podemos verificar que, juntamente com as associações e fundações pri-

---

[4] Estas entidades podem definir-se quanto à forma de criação como entidades criadas *ex novo*, como é a Parque Expo 98. S.A., ou podem resultar da privatização de pessoas colectivas públicas existentes, como é exemplo a Fundação de São Carlos. Podem ainda resultar da autonomização (e correspondente atribuição de personalidade jurídica de direito privado) de um departamento ou património existente no seio de uma pessoa colectiva pública (ex: SILOPOR, empresa de silos portuários S. A. e a actual OGMA, S. A). Quanto à sua ligação com outros entes públicos, as entidades privadas podem girar em torno do Estado (Ex: Caixa Geral de depósitos S. A., RTP, S. A. ou girar em torno de outra entidade pública (Ex. Fundação da Universidade de Lisboa) ou ainda ser fruto de uma combinação de várias entidades (Ex: Lisboa 94, Sociedade Promotora de Lisboa Capital Europeia da Cultura S. A. que foi constituída entre o Estado e o Município de Lisboa. Quanto aos capitais envolvidos, uns podem ser exclusivamente do Estado, (CGD), outros podem ser exclusivamente públicos, outras têm capitais mistos, maioritariamente públicos (Ex. Centro Cultural de Belém, S. G. I. I., S. A.).

vadas, criadas pelas entidades públicas, se multiplicaram as sociedades comerciais. E olhando para o sector empresarial do Estado português, verificamos que, ao lado das E.P.E's. (entidades públicas empresariais, que estudaremos), existem as empresas públicas sob a forma de sociedade comercial – as sociedades de capitais públicos (sociedades de capital exclusivamente do Estado ou de outra entidade pública), as sociedades de economia mista (sociedades regidas pelo direito comercial e nas quais se agrupam capitais públicos e privados, sendo certo que em algumas delas o Estado ou outra entidade pública exerce uma influência dominante), o mesmo acontecendo com o sector empresarial das autarquias – mais uma manifestação de um dos fenómenos típicos dos últimos anos do século XX: a *economização* da actuação administrativa.

É certo que, neste cenário de fuga das entidades públicas para o direito privado, existem certos riscos que devem minimizar-se: eles existem e podem traduzir-se numa tentativa de ultrapassar as vinculações jurídico-públicas que incidem sobre as competências, a actuação, as garantias procedimentais dos particulares e os seus direitos fundamentais, os controlos financeiros ou as responsabilidades.

Ora, como o Estado não pode deixar de tratar (no sentido de disciplinar ou gerir) as consequências da privatização, impôs-se a necessidade de regular (ou ordenar) e supervisionar as actividades públicas privatizadas, dando lugar a uma relação de colaboração, cooperação e de partilha de responsabilidades entre a Administração e particulares[5]. Aliás, a actividade administrativa de regulação, que, está entregue a entidades administrativas independentes dos Governos (Agências)e que, entre nós, está a cargo sobretudo das autoridades administrativas independentes, tem raízes no direito norte-americano e só no último quartel do século XX se fez sentir na Europa ocidental. Assim, num contexto de diminuição do Estado da Administração Pública em certos sectores, mormente no financeiro, a regulação, seguindo modelos menos autoritários do exercício do poder administrativo com os regulados, visa tratar as falhas e as ineficiências do mercado e disciplinar as actividades privadas susceptíveis de ameaçar o funcionamento da economia e de sectores em que predominam interesses públicos fundamentais, como sejam os da banca, seguros, mercado de acções, sendo certo que também se estende aos domínios ambiental, assistência social e sanitário.

Ao cabo e ao resto, como ensina VITAL MOREIRA, a regulação significa intervenção: intervenção estadual mais suave com vista a condicionar, coordenar e disciplinar a actividade económica privada[6].

---

[5] Sobre o tema, vd. PEDRO GONÇALVES, *Entidades Privadas com Poderes Públicos*, Coimbra, 2005, pp. 150 ss.
[6] Sobre o tema, vd. VITAL MOREIRA, *Auto-regulação Profissional e Administração Pública*, Coimbra, 1997, pp. 34 ss.

2. ADMINISTRAÇÃO PÚBLICA: PERSPECTIVA DE DIREITO COMPARADO

2.1. Os sistemas de administração: caracterização do seu estado puro

2.1.1. O sistema de administração executiva (europeu continental ou sistema francês)

2.1.2. O sistema de administração judiciária (sistema inglês)

3. A inexistência de sistemas puros e a actual aproximação dos sistemas: a europeização do direito administrativo

Depois das revoluções liberais nasceu, pois, o Estado de Direito e foram instituídos os sistemas modernos de administração, tendo seguido, contudo, vias distintas em Inglaterra e na França.

Como se caracterizam cada um destes modelos? O que os distinguia na sua versão inicial? E o que os aproximou?

Ambos têm em comum o facto de consagrarem os princípios da separação de poderes (*a*) e pressuporem a submissão das entidades públicas ao Direito (*b*).

a) Em Inglaterra, o Rei foi impedido de resolver, por si ou por conselhos formados por funcionários da sua confiança, questões de natureza contenciosa (1641) e foi proibido de dar ordens aos juízes, transferi-los ou demiti-los (1701).

Com a Revolução Francesa foi proclamado expressamente, em 1989, o princípio da separação de poderes. A Administração ficou separada da Justiça. A separação de poderes foi mesmo levada longe demais no sistema francês, gerando um interessante **paradoxo** que deu origem ao nascimento do direito administrativo e dos tribunais administrativos!

b) Depois de uma longa tradição iniciada na *Magna Charta*, os direitos, liberdades e garantias dos cidadãos britânicos foram consagrados no *Bill of Rights* (1689). O Rei ficou desde então subordinado ao direito, principalmente ao direito consuetudinário, resultante dos costumes sancionados pelos tribunais (*common law*).

Na França, na sequência do pensamento de Locke e Montesquieu, foi enunciado expressamente um conjunto de direitos subjectivos públicos invocáveis pelo indivíduo contra o Estado: é de 1789 a *Declaração dos Direitos do Homem e do Cidadão*.

Têm, todavia, traços bem distintos:

1. Quanto à organização

Um é descentralizado e o outro é centralizado. Assim, na Inglaterra existe um forte poder local (*local government*) dotado de autonomia que satisfaz um lote significativo das necessidades colectivas.

Já na França, por influência de Napoleão, instituiu-se um sistema fortemente centralizado, disciplinado e obediente. Este espalhou funcionários (organizados segundo as regras da hierarquia) por todo o país. Dividiu o país em 80 departamentos (***départements***), chefiados por Prefeitos (***préfets***) que eram nomeados pelo governo. E como os próprios **maires** eram nomeados pelo Governo, as ***communes*** não passavam de instrumentos do poder central. O Estado e o Governo têm um peso dominador, contrastando com o escasso relevo que é dada à AP local.

2. Quanto ao direito regulador da administração

Num caso, é o direito comum que rege a administração, como rege qualquer cidadão. Noutro caso, existe um direito especial que é o direito administrativo, que é direito público. Na verdade, na Inglaterra, em consequência do *rule of the law*, tanto o Rei como os conselhos e funcionários se regem pelo mesmo direito que os demais cidadãos (*the common law of the land*). Todos os órgãos e agentes da Administração estão sujeitos ao mesmo direito que os particulares, não gozam de privilégios especiais ou prerrogativas de autoridade pública. Na França, o direito administrativo atribui um conjunto de privilégios e prerrogativas à AP (*pouvoirs exorbitants*). Atribui-lhe um estatuto de poder para a AP, favorecendo-a em relação aos particulares. O direito administrativo sujeita a Administração a especiais deveres: é o *droit administratif*!

3. Quanto ao controle jurisdicional da Administração

Num caso, o controle está entregue aos tribunais comuns (*courts of law*). No outro sistema, está a cargo dos tribunais administrativos. Na França, a AP está sujeita ao controle de legalidade, não dos tribunais comuns, mas de órgãos específicos, os tribunais administrativos (*tribunaux administratifs*), que inicialmente não eram verdadeiros tribunais mas órgãos da AP, *maxime* o *Conseil d'État*, junto do poder central *e* os *Conseils de Préfecture,* junto de cada Prefeito, e depois se jurisdicionalizaram ao fim de um século de evolução.

No início, por causa da peculiar interpretação do princípio da separação de poderes, logo após a Revolução, a bem dizer, a AP não estava sujeita ao controlo dos tribunais. A lei de 16/24 de Agosto de 1790 determinou uma separação radical entre Administração e tribunais. E a *Lei 16 Fructidor do ano III* interditou os tribunais comuns de se intrometerem nos assuntos da Administração e de julgarem a Administração, sob pena de lhes serem aplicadas sanções (reparem como foi radical a interpretação francesa do princípio da separação de poderes!). Só depois mais tarde, estes órgãos independentes e imparciais adquiriram a natureza de verdadeiros tribunais – como estudámos na aula anterior.

4. Quanto à execução das decisões administrativas

Num caso, a execução de decisões que atinjam os particulares depende de permissão (através de sentença) dos tribunais, ao passo que noutro se atribui autoridade própria à Administração para executar as suas próprias decisões sem intervenção prévia de qualquer tribunal.

Com efeito, no sistema inglês, decorre do direito aplicável à Administração a impossibilidade de esta executar as suas decisões de autoridade: a Administração tem, de facto, de ir a tribunal (ao tribunal comum) para obter deste, segundo o *due process of law*, uma sentença que torne imperativa aquela decisão (v.g. decisão de expulsão, de demolição...). Numa palavra: as decisões unilaterais da AP não têm força executória própria, não podendo por isso ser impostas pela coação sem uma prévia intervenção dos tribunais.

Já o mesmo não se passa no sistema francês. Na verdade, a Administração de tipo executivo goza de um especial poder exorbitante: por um lado, não só pode decidir unilateralmente o Direito (e com força executória) nas relações com os particulares, como, por outro lado, tem poder de executar coactivamente essa definição, sem qualquer necessidade de prévio recurso aos tribunais, restando a estes o poder de impugnar e pedir a suspensão de actos. A AP goza do *principe du préalable* (= a poder de auto-tutela declarativa) *e privilège de l'exécution d'office* (= poder de auto-tutela executiva).

5. Quanto às garantias dos administrados

Atendendo aos poderes dos tribunais, as garantias são mais alargadas num modelo que no outro. No Britânico, decorre da plena jurisdição dos tribunais a garantia e defesa desses direitos perante a Administração Pública. Na França, os particulares podem recorrer aos tribunais administrativos para obter a anulação ou a declaração de nulidade dos actos inválidos praticados pela Administração ou para resolver conflitos em matéria contratual ou em matéria de responsabilidade civil. Todavia, estes não gozam de plena jurisdição perante a Administração. Não podem dirigir condenações à Administração, e, designadamente, não podem ordenar-lhes que pratiquem (ou omitam) certos comportamentos. E a Administração goza ainda de um amplo poder (discricionário) quanto à execução de certas sentenças ditadas pelos tribunais administrativos.

À semelhança de DICEY e HAURIOU, poderíamos discutir qual destes sistemas é pior ou melhor (preferimos, contudo, recomendar a leitura de FREITAS DO AMARAL, *Curso...* cit., pp. 106 a 111). Mas, uma vez que estes modelos já não existem, assim, tal como os descrevemos no seu estado puro, talvez seja mais adequado verificar em que termos evoluíram ao longo do século XX e o que resultou dessa aproximação. A aproximação traduz-se no seguinte:

1. Nos sistemas de administração judiciária:

a) Nasceu o *Administrative Law*, direito legislado que decorre da maior intervenção da AP e que a vincula e lhe atribui poderes;
b) São criados os *Administrative Tribunals*, que são, no entanto, meros órgãos administrativos independentes e imparciais, que revêem as decisões da AP antes de serem tomadas, através de um *due process of law*, no respeito pelo princípio do contraditório, não substituindo de modo nenhum o recurso aos (e a intervenção dos) tribunais comuns. As suas decisões são obrigatórias e executórias, não carecendo de confirmação judicial prévia para serem impostas coactivamente. Importa, aliás, estar atento a este tipo de órgãos, pois a sua *jurisdicionalização* está em curso.
c) Há mais centralização, na perspectiva organizatória, uma vez que se desenvolveram os Ministérios, que passaram a exercer poderes sobre o Poder local.

2. Nos sistemas de administração executiva:

a) Há uma área cada vez maior de sujeição ao direito privado e aos tribunais comuns;
b) O privilégio da execução prévia conhece excepções;
c) As garantias dos particulares têm sido ampliadas. Os tribunais administrativos têm beneficiado de poderes de condenação e de suspensão da actividade administrativa. A margem de inexecução de sentenças pela AP é menor.
d) Caminha-se no sentido da descentralização administrativa.

A aproximação tem sido maior principalmente nos últimos anos, por causa do fenómeno *da europeização do direito administrativo* e da recíproca influência existente entre o direito dos Estados membros entre si (basta pensar, por exemplo, como na organização administrativa dos sistemas de tipo executivo apareceram as Agências e no sistema anglosaxónico apareceu o Administrative Law) e entre estes e o ordenamento jurídico europeu – especialmente na Europa importa falar da integração europeia no seio da União Europeia e no quadro do Direito emergente do Conselho da Europa, já para não falar do fenómeno do direito administrativo global.

Na realidade existe já um conjunto significativo de regras jurídicas produzidas pelas Instituições Comunitárias que estabelecem regras e princípios de direito administrativo europeu. O núcleo duro é constituído por regras relativas à contratação pública e à protecção do ambiente. Estas regras, constantes de regulamentos e directivas têm influenciado decisivamente as legislações nacionais dos diversos Estados membros da União. E o próprio TJUE tem sido o principal impulsionador da aproximação dos sistemas jurídicos nacionais na Europa. Basta pensar nos princípios que são ditados pelo TJ quanto às garantias contenciosas dos cidadãos europeus, *maxime* em matéria de protecção provisória no espaço da EU, ao afirmar como princípio constitucional do ordenamento jurídico da União o princípio da efectividade da tutela jurisdicional. Em nome deste princípio, o TJ, na década de noventa, a propósito do caso *Factortame*, ordenou aos tribunais britânicos que deixassem de aplicar a legislação nacional (britânica) que impedia a decretação de *interim injunction* (providência cautelar) contra a Coroa e seus Ministros, uma vez que, estando em rota de colisão com o ordenamento jurídico da EU, impedia a plena aplicação do direito europeu, violando aquele princípio – dando, assim, clara prevalência ao direito comunitário em detrimento do direito britânico[7].

---

[7] Sobre esta última parte da matéria, vd., especialmente, FAUSTO QUADROS, *A nova dimensão do direito administrativo*, Coimbra, 1999; ISABEL CELESTE M. FONSECA, Processo temporalmente justo e Urgência, Almedina, Coimbra, 2009, pp. 200 ss.

PERSPECTIVA PRÁTICA

I. Comente a seguinte afirmação:

1. «Visto a partir do presente, o edifício jurídico-público do Estado liberal evidencia múltiplas contradições internas. Assim, em nome do princípio da separação de poderes, os revolucionários franceses vieram a considerar que *julgar a administração é ainda administrar,* tendo isto como consequência prática a subtracção da administração ao controlo dos tribunais».

II. Responda à seguinte questão:

1. O que permite afirmar que o direito administrativo é uma exigência universal dos Estados de Direito e não fruto de um mero acaso histórico?

ERA UMA VEZ A ADMINISTRAÇÃO PÚBLICA...
E ERA UMA VEZ O DIREITO ADMINISTRATIVO

Pistas para descobrir uma frase implícita... ;)

1. A partir da Revolução Francesa são reconhecidos aos particulares direitos subjectivos públicos, Por isso, os particulares deixam de ter um estatuto de súbditos para assumirem um outro.
2. Autor português que afirmou que «a mais bela e útil descoberta moral do século passado foi, sem dúvida, a diferença entre administrar e julgar».
3. Órgãos da Administração que foram recentemente criados nos sistemas de Administração judiciária para controlar a própria Administração: são, no entanto, meros órgãos administrativos independentes e imparciais, que revêem as decisões da AP antes de serem tomadas, através de um *due process of law*, no respeito pelo princípio do contraditório, não substituindo de modo algum o recurso aos tribunais comuns.
4. Tipo de Administração que caracteriza o Estado liberal e que concretiza a ideia de liberdade perante o poder político. É sinónimo de Administração agressiva, já que a sua actividade se resumia a assegurar a protecção dos cidadãos e a impor sacrifícios aos particulares.
5. Entidades que exercem na França o controle de legalidade sobre a Administração. Órgãos específicos que, inicialmente, não eram verdadeiros tribunais, mas sim órgãos da AP, *maxime* o *Conseil d'État,* junto do poder central e os *Conseils de Préfecture,* junto de cada Prefeito.
6. Autor que afirmou que «o Conselho de Estado segregou o direito administrativo como uma glândula segrega a sua hormona».
7. Documento onde os direitos, liberdades e garantias dos cidadãos britânicos foram consagrados em 1689.

8. Sistema administrativo que vigorou na Europa até aos séculos XVII e XVIII, que se caracteriza pela inexistência de separação de poderes e, por conseguinte, pela concentração de todos os poderes na figura do Rei, e pela não submissão ao direito.

9. Fenómeno recente que tem vindo a atingir o direito administrativo e que se traduz na aproximação e na recíproca influência existente entre o direito dos Estados membros e o ordenamento jurídico comunitário.

10. Tipo de Administração que no Estado Social realiza um rol quase infinito de atribuições: económicas, sociais, culturais, de soberania, traduzidas na missão de segurança interna e externa, de estudo, prevenção e planificação.

11. Caso judicial modelo que demonstra que o direito (administrativo) nacional dos Estados está em transformação por influência do direito europeu, sendo o TJ o principal impulsionador dessa mudança. Nele, o TJ ordenou aos tribunais britânicos que deixassem de aplicar a legislação (administrativa) nacional (britânica) que impedia a decretação de uma *interim injunction* (providência cautelar) contra a Coroa e seus Ministros, uma vez que esta seria contrária ao ordenamento jurídico da EU.

12. Figura metafórica do domínio económico que inspirou a lógica do Estado liberal, de tal modo que se desejava que o Estado não interferisse na vida dos cidadãos mais do que o estritamente indispensável.

13. Neste tipo de Estado social, a AP intervém e assume as funções de um aparelho prestador, tornando-se indispensável. É ele que promove o desenvolvimento económico, o bem-estar, a cultura e a justiça social.

14. Figura francesa que instituiu um sistema administrativo fortemente centralizado, disciplinado e obediente. Espalhou funcionários (organizados segundo as regras da hierarquia) por todo o país. Dividiu o país em 80 departamentos (*départements*), chefiados por Prefeitos (*préfets*) que eram nomeados pelo Governo. É o mentor da centralização administrativa.

15. Expressão francesa que sintetiza o fenómeno conhecido por «despotismo esclarecido» e que descreve como a vontade do rei é a lei suprema.

16. Sinónimo para «Estado-neutro» ou «Estado-abstencionista».

17. Sistema administrativo inglês ou sistema que se rege pelo direito comum, em termos de igualdade com qualquer cidadão.

18. Neste modelo, pretende-se que haja menos Estado e mais actividades de natureza jurídico-privada, sem que se volte ao Estado liberal. Deseja-se agora, depois da crise do Estado anterior, que o Estado se associe aos particulares e que crie as condições favoráveis para que as actividades privadas se realizem em condições de igualdade.

19. Estatuto típico do particular no sistema de administração prestadora.

20. Sinónimo para a expressão «Estado guarda-nocturno» (ROGÉRIO SOARES) que traduz a qualificação da máquina administrativa de tipo liberal, que se apresenta muito reduzida.

21. Tribunais que controlam a Administração no sistema inglês.

22. Tipo de direito que no sistema de administração executiva atribui um conjunto de privilégios e prerrogativas à AP (*pouvoirs exorbitants*), conferindo-lhe um estatuto de poder e favorecendo-a em relação aos particulares e sujeitando-a a especiais deveres.

23. Especial poder exorbitante de que goza a Administração de tipo executivo, que se traduz em poder decidir unilateralmente o Direito nas relações com os particulares, podendo executar coactivamente essa definição, sem qualquer necessidade de prévio recurso aos tribunais.

24. Princípio que *o art. 16.º da Declaração dos Direitos do Homem e do Cidadão* prescreve como garantia dos direitos subjectivos públicos invocáveis pelo indivíduo contra o Estado.

AULA N.º 4

SUMÁRIO:

1. Organização administrativa

    1.1. Elementos da organização administrativa

        1.1.1. Pessoas colectivas públicas
            1.1.1.1. Conceito
            1.1.1.2. Espécies
            1.1.1.3. Regime jurídico

        1.1.2. Órgãos administrativos

            1.1.2.1. Conceito
            1.1.2.2. Tipos de órgãos

        1.1.3. Serviços públicos

            1.1.3.1. Conceito e estrutura

    1.2. Aspectos funcionais

        1.2.1. Atribuições
        1.2.2. Competência

            1.2.2.1. Conceito
            1.2.2.2. Características

    1.3. Tipos de relações funcionais *interorgânicas* e *interpessoais* (para continuar nas próximas aulas)

BIBLIOGRAFIA

DIOGO FREITAS DO AMARAL, *Curso...* cit., pp. 749 ss e pp. 823 ss.
JOÃO CAUPERS, *Introdução...* cit., pp. 91 ss.
JOSÉ EDUARDO F. DIAS/FERNANDA PAULA OLIVEIRA, *Noções fundamentais...* cit., pp. 53 ss.

BIBLIOGRAFIA COMPLEMENTAR

ANTÓNIO CÂNDIDO OLIVEIRA, «A noção de serviços públicos na doutrina portuguesa», *Scientia Ivridica*, n.º 295, 2003, pp. 33 a 55.
IDEM, «Órgãos administrativos no Código do Procedimento Administrativo», CJA, n.º 82, 2010, pp. 12 ss.

1. ORGANIZAÇÃO ADMINISTRATIVA

A **organização administrativa** – entendida como aparelho ou conjunto estruturado de entidades que desempenham a título principal a função administrativa – tem como elementos básicos, em primeira linha, as ***pessoas colectivas de direito público***, que são dotadas de personalidade jurídica, e os ***órgãos administrativos***, que manifestam a vontade destas, e tem, em segunda linha, os ***serviços públicos***, que pertencem a cada ente público e que actuam na dependência dos respectivos órgãos.

Num perfil jurídico-administrativo, interessa-nos aqui realçar a organização administrativa sob a perspectiva da relevância externa da actividade jurídica da Administração. Neste sentido, interessa tratar os entes públicos, a quem é atribuído o encargo da satisfação das necessidades colectivas, e os órgãos, que constituem as figuras capazes de emitirem as manifestações de vontade imputáveis aos entes públicos.

Já terá mais interesse sob a perspectiva da ciência da Administração o estudo dos serviços públicos, já que estes são unidades funcionais internas que actuam sob a direcção dos órgãos administrativos, limitando-se a levar a cabo actividades materiais ou tarefas auxiliares na preparação e execução de decisões dos órgãos das pessoas colectivas públicas.

1. Vamos iniciar o estudo desses elementos, começando pelos aspectos estruturais

1.1. As pessoas colectivas públicas

As pessoas colectivas públicas são pessoas colectivas criadas por iniciativa pública, para assegurar a prossecução necessária de interesses públicos, sendo, por isso, dotadas em nome próprio de poderes e deveres públicos.

A noção de pessoas colectivas públicas (e a consequente distinção em face dos entes privados de interesse público) assenta em alguns pressupostos (e critérios de distinção):

A criação da p.c.p.

i) Criação por iniciativa pública: o que significa que nascem sempre por decisão pública, ou por vontade do Estado-colectividade ou por iniciativa das comunidades autónomas regionais ou locais. Assim, podemos dizer que a criação de pessoas colectivas com personalidade jurídica pública jamais tem iniciativa privada;

O fim da p.c.p.

ii) Tem finalidade exclusiva e necessária de prossecução de interesses qualificados como público-administrativos: significa isto que as ps. cs. ps. são criadas para assegurar a prossecução necessária de interesses públicos. O interesse público é essencial e jamais pode estar ausente das atribuições de uma p.c.p. Já os entes privados de interesses públicos (como as instituições particulares de interesses públicos) podem tanto prosseguir interesses privados como públicos;

A capacidade jurídica da p.c.p.

iii) Existência de poderes e deveres públicos: isto significa que as ps. cs. ps. são titulares em nome próprio de poderes e deveres públicos. Já as entidades privadas de interesse público (como, designadamente, as entidades concessionárias), que também podem exercer poderes públicos e ser, portanto, dotadas de poderes de autoridade, não exercem a título próprio esses poderes e deveres. Com efeito, tais poderes são exercidos em nome da Administração Pública e nunca em nome próprio. As entidades públicas têm, em nome próprio, poderes públicos de autoridade: o poder regulamentar, o poder de expropriar, o poder de celebrar contratos (sobretudo os administrativos) e de execução prévia.

Espécies de pessoas colectivas públicas

Podemos enumerar algumas categorias de p.c.p. São elas, designadamente, o Estado, os Institutos Públicos, as Entidades Públicas Empresariais, as Associações Públicas, as Autarquias Locais e as Regiões Autónomas.

Podemos agrupá-las em tipos:

i) **p.c.p. de população e território ou de tipo territorial**: onde se incluem o Estado, as Regiões Autónomas e as Autarquias Locais *ii)* **p.c.p. de tipo institucional:** a que correspondem os diversos tipos de Institutos Públicos

iii) **p.c.p. de tipo associativo:** a que correspondem, designadamente, as Associações Públicas

Regime jurídico das pessoas colectivas públicas

Não há um regime jurídico uniforme, ou seja, um regime que seja igual para todas elas. O regime jurídico varia, dependendo de legislação especial aplicável.

Por exemplo, as autarquias locais têm o seu regime definido, *designadamente*, na CRP, na Lei n.º 159/99, de 14 de Setembro (Lei-quadro de atribuições), na Lei n.º 169/99, de 18 de Setembro (lei-quadro de competências e funcionamento dos órgãos autárquicos); no Decreto-lei n.º 264/2002, de 25 de Novembro, e no Decreto-lei n.º 310/2002, de 18 de Dezembro (relativas à transferência de competências dos Governos Civis para as Câmaras Municipais); na Lei n.º 45/2008, de 27 de Agosto (que estabelece o regime jurídico do associativismo municipal), na Lei n.º 53-F/2006, de 29 de Dezembro, que aprova o regime jurídico do sector empresarial local, e na Lei n.º 27/96, de 1 de Agosto, que estabelece o regime jurídico da tutela administrativa a que estão sujeitas. (Sobre esta legislação, vd. *Caderno de Legislação Administrativa*)

Por regra, nesses regimes são fixados os seguintes traços: a criação e extinção são sempre de iniciativa pública; a autonomia administrativa e financeira; a titularidade de bens de domínio público; a existência de funcionários públicos, sujeitos ao regime da função pública e não ao contrato individual de trabalho; a sujeição a um regime público de responsabilidade civil; a sujeição ao controlo do Tribunal de Contas e a sujeição à jurisdição dos Tribunais Administrativos.

1.2. Os órgãos administrativos

Todas as ps.cs.ps. são dirigidas por órgãos. É a estes que cabe tomar decisões em nome da pessoa colectiva.

Os órgãos são centros de poderes funcionais a quem cabe manifestar a vontade que o direito manda imputar à p.c.p. em que aqueles se integram. Ou, por outras palavras, um órgão é um **centro autónomo institucionalizado** de emanação de uma vontade que é imputada à pessoa colectiva pública[8].

---

[8] Neste sentido, JORGE MIRANDA, *Manual de Direito Constitucional*, Tomo V, 1997, pp. 45 ss.

Já FREITAS DO AMARAL distingue **órgão**, para efeito de teoria da organização administrativa, de **órgão**, para efeito de actividade administrativa. E, neste sentido, para o autor, **órgão é simultaneamente centro de imputação de poderes funcionais** (órgãos = instituições) **e indivíduos** (órgão = indivíduo) **que actuam e manifestam a vontade da pessoa colectiva**[9].

Classificação de órgãos

Há vários tipos de órgãos, que podemos agrupar segundo vários critérios:

1. Número de titulares:

a) Órgãos singulares: são aqueles que têm apenas um titular.

b) Órgãos colegiais: os órgãos compostos por mais que um titular, em regra, em número ímpar (3 ou mais). Os órgãos colegiais merecem-nos uma atenção especial, na medida em que a lei determina regras próprias relativas à sua composição e funcionamento, à convocação de reuniões, ao *quorum*, à deliberação e votação e à acta. Esse regime está, designadamente, previsto nos artigos 14.º a 28.º do CPA.

2. Tipo de funções exercidas:

a) Órgãos deliberativos: tomam as decisões (devendo distinguir-se ainda entre órgãos deliberativos e executivos: a estes cabe executar as decisões daqueles). São ambos activos: ou deliberam ou executam.

b) Órgãos consultivos: emitem pareceres.

c) Órgãos de controle: fiscalizam a regularidade de actuação de outros órgãos da mesma ou de outras ps. cs. ps.

3. Quanto à duração:

a) Órgãos permanentes: de duração indefinida.

b) Órgãos temporários: duração limitada para o efeito de realização de uma certa tarefa: júris de concurso ou de provas académicas.

4. Forma de designação:

a) Órgãos representativos: aqueles cujos titulares são designados por eleição;

b) Órgãos não representativos: os restantes, cuja designação é feita, por exemplo, por nomeação.

---

[9] Vd. FREITAS DO AMARAL, *Curso...* cit., pp. 591 e 592.

5. Como funcionam:

a) Órgãos simples: órgãos de estrutura unitária; que só actuam de uma única forma.

b) Órgãos complexos: órgãos colegiais de estrutura diferenciada que ora actuam em conselho, ora actuam através dos seus titulares individualmente. O Governo é exemplo de um órgão complexo, uma vez que tanto actua em Conselho de Ministros, como através dos Ministros, individualmente. Para o exercício de certas competências, pode, inclusive, ser necessária a actuação conjunta de dois (ou mais) Ministros.

Ponto da situação:

Falámos em p.c.p. e em órgão administrativo. E dissemos que o órgão é uma figura organizativa, dotada de poderes consultivos, decisórios ou de fiscalização, capaz de preparar, manifestar ou controlar as manifestações de vontade, *id est* os actos jurídicos, imputáveis ao ente público.

Cumpre agora apresentar algumas noções básicas relativas a órgão, investidura, titular, agentes.

Falar em órgão obriga a que se fale em **investidura**: este é o acto de transformação de um indivíduo em titular do órgão ou em agente da pessoa colectiva. O órgão pode ser competente, mas enquanto o titular não for investido, falta-lhe legitimação para actuar validamente.

Falar em órgão obriga a distinguir órgão de **titular (ou membro) do órgão**: a titularidade do órgão é a qualidade que exprime a ligação de um indivíduo a um órgão, ligação singular ou em colégio.

Agentes (com especial relevo para os funcionários): são os indivíduos que têm uma relação especial de serviço com os entes administrativos e que desenvolvem sob direcção dos titulares dos órgãos, a actividade dos serviços (desempenham tarefas materiais de exercício ou contribuem para a preparação, conhecimento e execução dos actos jurídicos). Esta é uma noção ampla de agente, que se distingue da noção de agente em sentido técnico-jurídico, própria do regime do emprego público.

1.3. Serviços públicos

Depois de falarmos de agentes cumpre agora fazer a sua integração nos elementos de base da organização administrativa. Integram-se nos serviços.

Com efeito, as ps.cs.ps. têm, além dos órgãos, um aparelho burocrático que chamamos serviços da pessoa colectiva. **Estes serviços são estruturas organi-**

zativas dentro das p.c.p., que actuam sob a direcção dos respectivos órgãos e estão encarregadas de preparar e executar as decisões dos órgãos da p.c.p.

Os serviços são, portanto, organizações humanas criadas no seio da p.c.p. com o fim de desempenharem as atribuições desta, sob a direcção dos respectivos órgãos (FREITAS DO AMARAL, *Curso...*cit., p. 619).

Tipos de serviços:

Atendendo à função, descortina-se a existência de unidades funcionais ou departamentos: assim, há serviços de polícia, serviços de educação e serviços de saúde.

Atendendo às tarefas, descortina-se a existência de unidades de trabalho: assim, há serviços burocráticos (de apoio, executivos ou de controle) e há serviços operacionais (serviços técnicos, de prestação individual e de polícia)

Estrutura dos serviços:

Os serviços podem ser organizados segundo três critérios:

1. organização horizontal: Os serviços estão organizados horizontalmente. Isto é, a organização atende à distribuição dos serviços pelas pessoas colectivas públicas e dentro destas a organização atende à especialização dos serviços segundo o tipo de actividades a desempenhar.

2. organização territorial: Este critério remete-nos para a distinção entre serviços centrais e serviços periféricos, conforme os mesmos actuem em todo o território nacional ou estejam apenas localizados numa parte do território. Por exemplo: as direcções-gerais são constituídas por serviços centrais cujo desempenho se faz sentir em todo o país; as delegações e as repartições são constituídas por serviços colocados na periferia e é através delas que o Estado realiza as suas funções de polícia, educação, saúde, tributação e segurança social.

3. organização vertical ou hierárquica: Os serviços estão estruturados segundo um encadeamento vertical, por diversos graus ou escalões, sendo que se relacionam entre si em termos de supremacia e subordinação. (Direcção--Geral «» direcções de serviços «» divisões ou repartições «» secções. E a *hierarquia de chefias*: director-geral «» directores de serviços dele dependentes «» chefes de divisão «» chefes de secção.

Para mais considerações, sobre os serviços do Estado, ver Lei n.º 4/2004, de 15 de Janeiro, com alterações posteriores, que estabelece os princípios e normas a que deve obedecer a organização da administração directa do Estado, designadamente artigos 11.º a 20.º (quanto à tipologia de serviços), art. 20.º (quanto à organização interna: hierárquica e matricial), art. 24.º (sobre criação, reestruturação, fusão e extinção de serviços).

Vd. *Caderno de Legislação Administrativa.*

Vamos continuar o estudo desses elementos, considerando agora os aspectos funcionais

Falemos de atribuições e competências!

As pessoas colectivas existem para prosseguir determinados fins. Os fins da p.c.p. chamam-se atribuições. Então, **atribuições** são o conjunto de interesses públicos postos por lei a cargo de um determinado ente público.

Ora, para realizarem estes fins, as pessoas colectivas necessitam de poderes. E os poderes funcionais são as competências que a lei atribui aos órgãos da p.c.p. para realizar as atribuições desta. **Competência** é, assim, o conjunto de poderes funcionais que a lei confere a um órgão para a prossecução das atribuições da pessoa colectiva pública.

A lei especifica as atribuições das pessoas colectivas e determina as competências de cada um dos órgãos. E, por isso, um órgão ao agir está duplamente limitado (ou vinculado): por um lado, está limitado pela sua competência, não podendo invadir a esfera de competência de outro órgão; por outro lado, também está limitado pelas atribuições da p.c.p. a que pertence, não podendo prosseguir senão as atribuições dessa p.c.p. a que pertence.

A sanção (ou seja: a invalidade da decisão tomada) é diferente para o não cumprimento das duas situações: praticar um acto fora das suas competências gera a anulabilidade: o acto é anulável; praticar um acto fora das atribuições da p.c.p. produz a nulidade do acto: o acto é nulo. Ver regime geral das invalidades das decisões da Administração Pública, previsto no CPA (art. 133.º e 135.º).

Por exemplo: não obstante a Câmara e a Assembleia prosseguirem as mesmas atribuições do Município em que se integrem, se a Câmara praticar um acto que é da competência da Assembleia, o seu acto será anulável, por falta de competência (art. 135.º do CPA, como regra geral das invalidades). Já, se praticar um acto que seja da competência do Governador Civil, o seu acto será nulo, por falta de atribuições (art. 133.º, n.º 2, b) CPA). No primeiro caso, há incompetência relativa, que gera a anulabilidade do acto, nos termos do art. 135.º, no segundo caso há incompetência absoluta, por falta de atribuição, que gera a nulidade do acto, nos termos do artigo 133.º, n.º 2, b) CPA.

Notar bem, um caso especial:

Na pessoa colectiva pública Estado, as atribuições estão por lei repartidas por Ministérios (que não são ps. cs. ps.). Assim, os Ministros têm normalmente iguais competências para prosseguir diferentes atribuições. E, com efeito, se o Ministro da Educação, ao praticar um acto, invadir as atribuições que por lei estão atribuídas ao Ministério do Ensino Superior, esse acto é nulo, nos termos do artigo 133.º, n.º 2, b) do CPA.

Vamos estudar um pouco melhor as competências. Cumpre considerar os artigos 29.º e ss. do CPA:

O que é uma competência?
É o conjunto de poderes funcionais atribuídos por lei a um órgão.

Que características possui a competência?
A funcionalidade: a competência é atribuída ao órgão para que este prossiga as atribuições da p.c.p. a que pertence.

A legalidade: a competência só pode ser conferida, delimitada ou retirada por lei: é sempre a lei que fixa a competência dos órgãos da AP. É o que decorre do princípio da legalidade da competência. A competência é de ordem pública.

Deste princípio decorrem várias consequências:

Em primeiro lugar, a competência não se presume: só há competência quando a lei (ou regulamento) a confere a um órgão (cfr. competência implícita).

Em segundo lugar, a competência é imodificável: nem a AP nem os particulares podem alterar o conteúdo ou a repartição de competências estabelecidos por lei.

Em terceiro lugar, a competência é irrenunciável e inalienável: os órgãos não podem renunciar aos seus poderes, nem transmiti-los, salvo quando a lei o permitir. A lei permite que haja delegação de competências e substituição (art. 29.º, n.º 1 e art. 29.º, n.º 2 CPA).

Notar bem: é nulo o acto ou o contrato de renúncia ao exercício de competência (art. 29.º, n.º 2 CPA).

Critérios de delimitação de competência:

i) **Em razão da matéria:** a competência pode ser atribuída a um órgão em razão da matéria. Assim, quando a lei determina que incumbe à Assembleia Municipal fazer regulamentos e à Câmara Municipal celebrar contratos administrativos está a delimitar a competência em função da matéria.

ii) **Em razão da hierarquia**: a lei atribui competências diferentes aos órgãos superiores e aos órgãos subalternos. Por exemplo, quando a lei atribui competência ao Ministro (e somente a ele) para aplicar a sanção disciplinar mais grave, está a delimitar a competência em função da hierarquia.

iii) **Em razão do território**: havendo órgãos centrais e locais do Estado e existindo órgão autárquicos limitados na sua acção pelo território, a lei delimita a competência em razão do território. Exemplo: O governador civil X só pode exercer a sua competência no âmbito do Distrito X.

A Câmara Municipal da autarquia local X, só pode exercer a sua competência no Município X.

Notar bem: Um acto administrativo praticado pelo órgão administrativo contra as regras que delimitam a competência é um acto ferido de incompetência. E logo ele é anulável, nos termos do art. 135.º do CPA.

Antes de tomar qualquer decisão, o órgão deve certificar-se de que é competente para conhecer a questão, nos termos do art. 33.º, n.º 1 do CPA. Na verdade, a incompetência é, nos termos do art. 33.º, n.º 2 do CPA, de conhecimento oficioso e deve preceder o conhecimento de qualquer outra questão (no início do procedimento e antes da decisão). E a incompetência, porque se traduz numa invalidade do acto (este é anulável, nos termos do art. 135.º CPA), pode ser fundamento para a impugnação dos actos da Administração Pública: os interessados podem impugnar uma decisão da Administração com fundamento no vício da incompetência, quer nos Tribunais Administrativos quer junto da própria Administração.

Competência e **legitimação**:

A competência distingue-se da legitimação. Com efeito, pode acontecer que o órgão seja competente para praticar um acto, e não o possa fazer numa situação em concreto, sendo suficiente que, para o efeito, esteja, por exemplo, impedido no caso concreto de actuar.

Assim, **a legitimação é a qualificação para exercer um poder ou uma faculdade numa situação concreta.** Há vários elementos de legitimação, positiva e negativa: autorização para a prática de um acto, condições legais temporais, investidura do titular, quórum e impedimento do titular.

Por exemplo, nos termos do artigo 44.º do CPA: nenhum órgão pode intervir num procedimento, designadamente, quando nele tenha interesse, de modo directo e imediato, ou quando nele tem interesse, designadamente, o seu cônjuge ou qualquer pessoa com quem viva em economia comum. Neste caso, o órgão tem competência, mas, por uma questão de garantia da imparcialidade, não estará legitimado a actuar nessa situação, sob pena de praticar um acto inválido (anulável, nos termos do art. 51.º CPA).

Espécies de competências:

***i)* Quanto ao modo de atribuição legal da competência:**

a) Competência explícita: quando a lei a confere por forma clara e directa.

b) Competência implícita: quando a competência se deduz de outras determinações legais ou de certos princípios de direito público, como por exemplo: «quem pode o mais pode o menos» ou «quando a lei impõe a prossecução obrigatória de certo fim permite o exercício dos poderes minimamente necessários para prosseguir esse objectivo».

***ii)* Quanto à substância e efeitos da competência:**

a) Competência dispositiva: é a competência de poder praticar um acto sobre uma determinada matéria, pondo e dispondo acerca do assunto

b) Competência revogatória: é a competência de poder revogar o primeiro acto, sendo que nem sempre o poder de revogar o primeiro acto implica poder para substituir o acto revogado.

***iii)* Quanto à titularidade dos poderes exercidos:**

a) Competência própria: é a competência que deriva directamente da lei para o órgão que a exerce.

b) Competência delegada: é aquela que resulta, designadamente, da delegação de poderes. Neste caso, um órgão vai permitir que um outro órgão exerça a sua competência. Em síntese: um órgão exerce uma competência delegada quando exerce poderes que são parte da competência de outro órgão, mas que, nos termos da lei, o respectivo exercício lhe foi delegado.

***iv)* Quanto ao número de órgãos:**

a) Competência singular: quando a competência pertence a um único órgão

b) Competência conjunta: é a competência que pertence simultaneamente a dois ou mais órgãos diferentes, sendo que esta competência tem de ser exercida por todos eles em conjunto, num acto único. Assim acontece quando é proferido um despacho conjunto de dois Ministros sobre certa matéria.

***v)* Quanto ao exercício de competência com base numa relação *interorgânica*:**

Como vamos aprender na próxima aula, a hierarquia é o modelo de organização administrativa vertical, constituído por dois ou mais órgãos (ou agentes) com atribuições comuns, ligados por um vínculo jurídico que confere ao superior o poder de direcção e impõe ao subalterno o dever de obediência.

1. *Competência independente:* se o órgão não está integrado numa relação jurídica hierárquica e se não está sujeito ao poder de direcção do superior hierárquico e nem ao dever de obediência.

2. *Competência dependente:* se o órgão exerce a competência no âmbito de uma hierarquia, sendo certo que *dentro deste tipo existe*:

a) A competência comum: que permite ao superior e ao subalterno tomar decisões sobre o mesmo assunto, valendo como vontade da AP aquela que primeiro for manifestada.

b) Competência própria: quando o poder de praticar um certo acto administrativo é atribuído directamente ao órgão subalterno:

i) Competência separada (que é a regra quanto aos actos praticados pelos subalternos): o subalterno é competente para praticar actos administrativos. Dantes, antes de entrar em vigor o CPTA, o particular tinha de recorrer necessariamente ao superior hierárquico do autor do acto antes de recorrer aos tribunais.

ii) Competência exclusiva: o subalterno é por lei competente para praticar actos administrativos definitivos, que são passíveis de imediato recurso contencioso.

Ainda a propósito da competência exclusiva, cumpre dizer que, não obstante, uma vez que o subalterno não é órgão independente, pode receber do superior uma ordem de revogação do acto. Contudo, o superior não pode modificar nem substituir o acto do subordinado. Mesmo a revogação e a suspensão somente são possíveis a pedido dos interessados, isto é daqueles que forem afectados pelo acto (e não por iniciativa do superior hierárquico: aqui só terá poder para ordenar a revogação ao próprio autor do acto. Cfr. os artigos 142.º, n.º 1 e art. 174.º, n.º 1 CPA).

Com efeito, como dispõe o art. 142.º do CPA, o superior hierárquico pode revogar os actos do subalterno, desde que não se trate de acto da competência exclusiva do subalterno. Pois, neste caso, nem o poder de revogação nem o poder de substituir o acto revogado assistem ao superior. Já no caso do art. 174.º, ao órgão competente para conhecer o recurso hierárquico é dado poder para confirmar ou revogar o acto recorrido. Contudo, se a competência do autor do acto recorrido for exclusiva, o superior não pode modificá-lo nem substitui-lo.

(Cfr. as disposições do CPA e do CPTA com as posições dos autores: DIOGO FREITAS DO AMARAL, *Curso de Direito Administrativo*, Vol. I, (2.ª ed., reimp. 1997), *Almedina*, Coimbra, pp. 776 ss.; esp. p. 785; JOÃO CAUPERS, *Introdução ao Direito Administrativo*... cit., pp. 134 e 141; JOSÉ EDUARDO F. DIAS/FERNANDA PAULA OLIVEIRA, *Noções fundamentais*... cit., pp. 48 ss.; pp. 185 a 192)

Os temas para as duas próximas aulas:

i) Os órgãos colegiais: composição e funcionamento (arts. 14.º a 28.º).

ii) A delegação de poderes: os requisitos da delegação e o valor do acto praticado ao abrigo da delegação (arts. 35.º ss CPA).

Consultar o CPA (vd. *Caderno de Legislação Administrativa*)

AULA N.º 5

SUMÁRIO:

2. Organização administrativa

   1.1. Elementos da organização administrativa

      1.1.1. Pessoas colectivas públicas

         1.1.1.1. Conceito
         1.1.1.2. Espécies
         1.1.1.3. Regime jurídico

      1.1.2. órgãos administrativos

         1.1.2.1. Conceito
         1.1.2.2. Tipos de órgãos

            1.1.2.2.1. Órgãos colegiais
            1.1.2.2.2. Constituição,
            1.1.2.2.3. Funcionamento (Continuação da aula anterior)

BIBLIOGRAFIA

DIOGO FREITAS DO AMARAL, *Curso...* cit., pp. 749 ss e pp. 823 ss.
JOÃO CAUPERS, *Introdução...* cit., pp. 91 ss.

BIBLIOGRAFIA COMPLEMENTAR

ANTÓNIO CÂNDIDO OLIVEIRA, «Órgãos administrativos no Código do Procedimento Administrativo», CJA, n.º 82, 2010, pp. 12 ss.

ÓRGÃOS COLEGIAIS

Já falámos na existência de pessoas colectivas públicas e na existência de órgãos. E dissemos que as ps. cs. ps. não têm existência física, uma vez que são criações do direito (formas de organizar a prossecução de interesses comuns a várias pessoas). Por isso, a sua vontade é manifestada através de órgãos. Os órgãos são centros de imputação de poderes funcionais. São eles que manifestam a vontade que a lei manda imputar à p.c.p.

E dissemos também que os órgãos se podem qualificar segundo vários critérios: um desses critérios, que atende ao número de titulares, permite distinguir os órgãos singulares dos órgãos colegiais: enquanto que **os órgãos singulares têm apenas um titular, já os órgãos colegiais são compostos por mais que um titular, em regra, em número ímpar (três ou mais).**

Os órgãos colegiais, na medida em que são integrados por diversos membros, exigem regras especiais para poderem funcionar. E, da nossa parte, merecem, pois, uma atenção especial, na medida em que a lei determina regras próprias relativas à sua composição, funcionamento, à convocação de reuniões, ao quórum, às formas de votação, ao registo das reuniões e deliberações (à acta).

Regime jurídico:

Tais regras encontram-se na sua maioria estabelecidas nos artigos 14.º a 28.º do CPA. Podem também estar previstas em regimes especiais, leis especiais que se aplicam a determinado órgão colegial, devendo, pois, aplicar-se aquelas regras gerais do CPA sempre que a legislação especial o permita.

1. Composição e constituição do órgão colegial: art. 14.º CPA e art. 15.º CPA

A composição do órgão é o elenco abstracto dos membros que dele hão-de fazer parte, uma vez constituído. A constituição do órgão é o acto pelo qual os membros de um órgão colegial, uma vez designados, se reúnem pela primeira vez e dão início ao funcionamento do órgão.

Assim, cada órgão colegial deve ter um **presidente** e um **secretário**, em princípio, se a lei não prever de forma diversa, eleitos pelo próprio órgão de entre os seus membros. Na falta do presidente, servirá de presidente o membro mais antigo, e na falta de secretário, servirá de secretário o membro mais moderno, ou então, respectivamente, pelo mais velho e pelo mais novo, em caso de igual antiguidade (art. 15.º, n.º 1 e n.º 2)

2. Funções do presidente 14.º CPA

a) Abre e encerra as reuniões (art. 14.º, n.º 2);

b) Dirige os trabalhos e assegura o cumprimento da lei no funcionamento e na deliberação do órgão a que preside (art. 14.º, n.º 2);

c) Pode suspender e encerrar antecipadamente as reuniões quando circunstâncias excepcionais o justifiquem (art. 14.º, n.º 3);

d) Pode interpor recurso e pedir a suspensão jurisdicional da eficácia das deliberações que considere ilegais (art. 14.º, n.º 4);

e) Tem um importante papel quanto às reuniões do órgão:

> *i.* Fixa os dias e as horas das reuniões, a menos que haja determinação legal ou deliberação do órgão sobre a matéria,
>
> *ii.* Comunica aos restantes membros, designadamente aos vogais, que são aqueles que não ocupam uma posição funcional, alterações de dia e hora de reunião,
>
> *iii.* Convoca as reuniões e fixa a ordem do dia

3. Reunião e sessão

A reunião de um órgão colegial é o encontro dos respectivos membros para deliberarem sobre matéria da sua competência. **A sessão** de um órgão colegial é o período de tempo dentro do qual o órgão colegial pode reunir. A sessão tem, pois, a ver com o funcionamento do órgão. Se o órgão é de funcionamento contínuo, como é a câmara municipal e o governo, dizemos que o órgão está em sessão permanente, não obstante poder reunir uma vez por mês, ou por quinzena ou por semana. Há contudo outros órgãos de funcionamento intermitente, que funcionam num período de tempo definido, como é o caso dos órgãos deliberativos autárquicos (Assembleias Municipais e Assembleias de freguesia). Dizemos que, nestes casos, tais órgãos têm três ou quatro sessões por ano, podendo em tais períodos reunir uma ou mais vezes.

Em síntese: a sessão é o período dentro do qual pode reunir o órgão colegial de funcionamento intermitente.

Reunião (art. 16.º do CPA)

– É o encontro de todos os membros do órgão colegial.

Tipos de reuniões:

Tanto as sessões como as reuniões podem ser **ordinárias**, se as se realizam regularmente em datas ou períodos certos, ou **extraordinárias** se são convocadas inesperadamente, fora dessas datas ou períodos (artigos 16.º e 17.º CPA).

Reuniões públicas:

Por regra, salvo quando a lei dispuser em contrário, as reuniões não são públicas (art. 20.º CPA). Contudo, às vezes, a lei pode exigir que o órgão reúna publicamente. Assim acontece nos órgãos autárquicos, que vamos estudar, mais para diante. Os órgãos deliberativos têm sessões públicas, os órgãos executivos realizam pelo menos uma reunião pública mensal (lei n.º 169/99, de 18 de Setembro).

A marcação da reunião: é a fixação da data e hora em que a reunião terá lugar. A **convocação** é a notificação feita a todos e cada um dos membros acerca das reuniões a realizar, **na qual são indicados:** Além do dia e da hora e do local da reunião, a respectiva «ordem do dia», ou «ordem de trabalhos» ou «agenda».

A ordem do dia deve ser entregue a todos os membros com antecedência de 48 horas (art. 18.º CPA).

Atenção:

1. As regras sobre a convocação das reuniões são importantíssimas, já que o desrespeito por tais regras determina a ilegalidade das reuniões e a ilegalidade das deliberações nelas tomadas.

2. Nestes casos, existindo violação das regras relativas à convocatória, só não haverá ilegalidade se todos os membros do órgão comparecerem na reunião e nenhum se opuser à realização da reunião. Só assim haverá sanação da ilegalidade (art. 21.º CPA).

As reuniões ordinárias são integradas pelo período da «ordem do dia»: é estabelecida pelo presidente ou a pedido de um vogal, com antecedência, pelo menos, de cinco dias antes da reunião.

O «período antes da ordem do dia» compreende intervenções não acompanhadas de deliberações. É um período de informação geral que pode ser acompanhada de votos de congratulações, de pesar ou moções ou recomendações não dotadas de eficácia externa. Este período não existe nas reuniões extraordinárias.

E quanto à deliberação e à ordem do dia: só há deliberação sobre os assuntos incluídos na ordem do dia, salvo se se tratar de reunião ordinária.

Notar bem: a lei estabelece uma proibição absoluta de tratar de assuntos não incluídos na ordem de trabalhos, quando se trate de reunião extraordinária (art. 19.º, 1ª parte).

Já quando se trate de reunião ordinária, essa proibição pode ser ultrapassada pelo voto favorável de um mínimo de dois terços dos membros do órgão (art. 19.º CPA).

Quórum de funcionamento e de deliberação

Depois de convocado, para que um órgão colegial possa funcionar e deliberar é necessário que um certo número mínimo dos seus membros se encontre presente. A este número chamamos **quórum de reunião, ou quórum de funcionamento.**

Regra geral, o quórum de reunião corresponde, em primeira convocação, à maioria do número legal dos membros do órgão com direito a voto («mais de metade»). Numa segunda convocação, salvo disposição legal em contrário, o órgão pode reunir com um terço dos membros com direito a voto, em número não inferior a três. Cabe à lei estabelecer o quórum de funcionamento e o **quórum de deliberação**: este corresponde ao número de votos exigidos para que um órgão colegial possa deliberar validamente sobre certos assuntos. Na falta de legislação especial, e nos termos do CPA, o quórum de funcionamento é igual ao quórum deliberativo.

Deliberações

O órgão colegial decide deliberando. **Há dois métodos para um órgão colegial deliberar:**

O consenso: não se ponderam vontades dos membros, procura encontrar-se o sentido predominante da vontade do órgão.

A votação, também designada por escrutínio, em que se conta a declaração de vontade dos membros do órgão: uns ganham, outros perdem.

A votação é sempre precedida de discussão do assunto, contudo os membros que estiverem impedidos não podem participar nem na votação, nem na discussão (art. 24.º, n.º 4 do CPA).

Só é proibida a abstenção nos órgãos consultivos, já nos demais órgãos a abstenção é possível (art. 23.º CPA).

A votação pode revestir duas formas (art. 24.º CPA)

Votação nominal: a votação é pública, cada membro denuncia o sentido do seu voto perante os restantes, através de um meio físico (o membro levanta-se, ergue o braço) ou meio electrónico (uma luz que se acende num painel).

Votação secreta ou o escrutínio secreto, o sentido de voto da cada membro do órgão não se torna conhecido dos demais. Há, pois, anonimato da votação: boletins de voto, esferas brancas e negras.

Por regra, a votação é nominal. Contudo, há situações em que a lei impõe o escrutínio secreto: deliberações que envolvam a apreciação de comportamentos ou qualidades de qualquer pessoa (aplicação de uma sanção disciplinar). Ver art. 24.º, n.º 2 CPA

Como se apura o resultado da votação? Como se apura a vontade do órgão?

Método de votação:

A maioria relativa ou simples: consiste em apurar a vontade do órgão fazendo coincidir esta com a vontade expressa que recolheu mais votos: A B C = vontades manifestadas pelos membros do órgão. Se **A** teve mais votos favoráveis, será a vontade manifestada pelo órgão.

A maioria absoluta: identifica a vontade do órgão com aquela que foi expressa por mais de metade dos votantes: **A** e **B** = **manifestações de vontade**. A será a vontade do órgão se reuniu metade mais 1 dos votos expressos.

A maioria qualificada faz corresponder a vontade do órgão àquela que foi expressa por uma certa fracção dos votantes superior à maioria absoluta (que pode ser dois terços, três quartos).

A unanimidade exige para a formação da vontade do órgão a totalidade dos votos favoráveis dos membros votantes.

No sistema português, **a regra geral aplicável** é, na falta de lei especial, **a da maioria absoluta art. 25.º, n.º 1 CPA.** Esta será, porém, substituída pela maioria relativa, no caso de falhar a obtenção daquela em duas votações sucessivas (25.º, n.º 2).

O empate:

Se na votação ocorrer empate: ou seja, quando duas ou mais propostas recolheram o mesmo número de votos, procede-se do seguinte modo:

1. Na votação nominal: recorre-se ao presidente do órgão. Este tem por regra o **voto de qualidade**: o seu voto assume uma dupla relevância: é voto como o de

qualquer membro do órgão e serve de desempate no caso de ocorrer empate na votação. O voto do presidente resolve assim o impasse em caso de votação empatada, considerando-se aprovada a deliberação que tiver colhido o voto do presidente (art. 26.º, n.º1 CPA). **Voto de desempate** existe quando só é dado direito de votação ao Presidente para desempatar.

De cada reunião é lavrada acta contendo o resumo de tudo o que de importante tiver ocorrido, acta essa que é aprovada no final da reunião, em minuta, ou no início da reunião seguinte. As deliberações só ganham eficácia depois de aprovadas as respectivas actas ou depois de assinadas as minutas (art. 27.º). As actas podem ser acompanhadas por declarações de voto (por regra, declarações de voto de vencido): art. 28.º CPA.

A violação das regras que mencionámos produz a invalidade das deliberações tomadas na reunião. **As deliberações aprovadas com falta de quórum, falta de maioria legalmente exigida ou as que forem aprovadas tumultuosamente são nulas, nos termos do art. 133.º, n.º 2 g).**

BIBLIOGRAFIA COMPLEMENTAR

ANTÓNIO CÂNDIDO OLIVEIRA, «Órgãos colegiais... cit., CJA, n.º 82, 2010, pp. 12 ss.

PERSPECTIVA PRÁTICA

ÓRGÃOS COLEGIAIS

I.

O Conselho da Escola de Ciências Jurídicas da Universidade Clássica do Porto, órgão colegial activo composto por cinco membros, reuniu inesperadamente na passada semana para deliberar sobre assuntos urgentes.

Imagine que um dos seus membros, seriamente preocupado com o teor de deliberações que foram aprovadas naquela reunião extraordinária, vem pedir-lhe conselho sobre a eventual invalidade daquelas deliberações, tendo-o informando do seguinte:

1. «(...) houve convocação e convocatória e a ordem do dia incluía muitos assuntos. A reunião nem sequer estava prevista, mas todos compareceram (...)».

2. «(...) os professores estavam todos muito exaltados. E o Professor Joaquim, que é o presidente do órgão, teve de acalmar as coisas. A discussão foi tanta que os seguranças vieram assistir e perguntar se era preciso fazer alguma coisa... Veja só!».

3. «... deliberámos adjudicar, por ajuste directo, o fornecimento de 10 computadores à empresa que é da mulher do Professor Joaquim. Eu queria abster-me, mas... (...). Acho que ficou mal ao Professor ser o primeiro a dizer sim, estou a favor».

4. «Além de tudo, o que me custou mais foi ter votado a favor da não renovação do contrato do colega João. Ele já anda perturbado. Todos comentámos que ele não é bom pedagogo. Além disso, é um fascista assumido. Todos votaram... eu vi! (...). Ele vai impugnar a deliberação, com certeza, e ela, ainda por cima, não foi fundamentada.

5. «Também deliberámos sobre a contratação de um assistente convidado, por conveniência urgente do serviço. Quatro votaram a favor. E isto nem estava sequer na ordem do dia.».

6. O que é que se pode fazer, tendo em conta que «eu já assinei a minuta da acta». «Quem me dera voltar atrás... (...). Se fosse hoje, ter-me-ia abstido sempre». «... Oxalá, o presidente possa impugnar as deliberações».

AULA N.º 6

SUMÁRIO:

1. A delegação de poderes
    1.1. A concentração e a desconcentração de competências
    1.2. Conceito e distinção de figuras afins
    1.3. Regime jurídico

BIBLIOGRAFIA

DIOGO FREITAS DO AMARAL, *Curso... cit.*, pp. 657 a 678.
JOÃO CAUPERS, *Introdução... cit.*, pp. 136 ss.
MARCELO REBELO DE SOUSA, *Lições... cit.*, pp. 193 a 210.

LEGISLAÇÃO

CPA = *Caderno de Legislação Administrativa.*

1. A DELEGAÇÃO DE PODERES

1.1. Enquadramento: sistema de desconcentração de competências

O sistema de concentração de poderes e o sistema de desconcentração de poderes dizem respeito à organização de poderes de uma determinada pessoa colectiva pública.

As expressões «concentração de competências» ou «administração concentrada» são empregues para designar o sistema em que o superior hierárquico mais elevado é o único órgão competente para tomar decisões, ficando os subalternos limitados às tarefas de preparação e execução das decisões daquele.

Por seu turno, as expressões «desconcentração de competências» ou «administração desconcentrada» é o sistema em que o poder decisório se reparte entre superior e um ou vários órgãos subalternos, os quais, contudo, permanecem, por regra, sujeitos à direcção e supervisão daquele.

Ora, como podemos ver, a desconcentração produz um descongestionamento de competências, permitindo aos subalternos exercer poderes decisórios, que numa administração concentrada estariam reservados exclusivamente ao superior.

Como se opera a desconcentração de competências?

Ao respondermos a esta questão, vamos encontrar **a figura da delegação de poderes**. Com efeito, a desconcentração pode resultar imediatamente da lei, e falamos então de desconcentração originária, quando é a lei que reparte entre o superior e o subalterno as competências.

Contudo, a desconcentração pode ser concretizada através da delegação de poderes: falamos, neste caso, em desconcentração derivada. Esta efectiva-se mediante um acto específico de transferência de competência do superior para o subalterno.

Ora, a delegação de poderes traduz-se numa «verdadeira auto-repartição da capacidade de decisão»[10].

A delegação de poderes ou a delegação de competências

Conceito:

A delegação de poderes é o acto pelo qual um órgão da Administração Pública, normalmente competente para decidir em determinada matéria, permite, de acordo com a lei, que outro órgão (ou agente) pratique actos administrativos sobre a mesma matéria. Ver art. 35.º, n.º 1 do CPA.

Requisitos da delegação de poderes, elementos da delegação ou condições que a ordem jurídica exige para que haja delegação de poderes: lei de habilitação, dois órgãos da Administração, o acto de delegação propriamente dito

1. Lei de habilitação:

a) porque a competência é irrenunciável e inalienável, é necessário que exista uma lei que preveja expressamente a faculdade de um órgão delegar noutro; A lei de habilitação é uma lei que reconhece competência a um órgão para a prática do acto de delegação[11].

b) a habilitação pode ser genérica ou específica: a primeira é a que permite que certos órgãos deleguem, sempre que quiserem, alguns dos seus poderes em determinados órgãos.

> *i.* O CPA prevê no art. 35.º, n.º 2 uma norma de habilitação geral para a prática de actos de administração ordinária no âmbito da hierarquia administrativa. Esta norma e a do n.º 3 do mesmo artigo permitem que certos órgãos deleguem noutros órgãos específicos poderes para a prática de actos de gestão corrente, que se destinam a assegurar a continuidade do serviço. São actos não inovadores e não definitivos, (como actos preparatórios e de execução) e actos vinculados.

2. Existência de dois órgãos (o delegante e o delegado), que são os elementos subjectivos da delegação

a) A delegação de poderes acontece, na maioria das vezes, entre órgãos da mesma pessoa colectiva ou entre órgãos de pessoas colectivas distintas. A lei

---

[10] Expressão de JOÃO CAUPERS, *Introdução...* cit., p. 136.
[11] Neste sentido, vd. JOÃO CAUPERS, *Introdução...* cit., p. 120.

169/99 permite a delegação de competências da câmara municipal na junta de freguesia. E os membros do Governo também podem delegar em órgãos directivos de Institutos Públicos. Os elementos subjectivos são, pois, dois: um é o órgão normalmente competente, aquele que pode delegar – o delegante –, o outro é o delegado, a quem se pode delegar.

b) A delegação de poderes pode realizar-se entre superior e subalterno. Neste caso, haverá uma delegação hierárquica. Exemplo: quando o Ministro delega no Director-Geral, ou quando o Director-Geral delega no Director de Serviços. Mas também pode existir delegação de poderes fora de uma relação hierárquica. Assim acontece quando o Conselho de Ministros delega em qualquer um dos seus membros, ou quando um Ministro delega nos Secretários de Estado ou quando a Câmara Municipal delega no seu presidente ou em qualquer um dos vereadores.

3. **Acto de delegação propriamente dito** (que traduz e concretiza a vontade do delegante. A relevância jurídica da vontade do delegante é o terceiro elemento da delegação de poderes para JOÃO CAUPERS[12].

a) este é o acto pelo qual o delegante concretiza a delegação dos seus poderes no delegado, permitindo-lhe a prática de certos actos em matéria sobre que ele é normalmente competente.

b) A delegação pode ser ampla ou restrita, conforme o delegante resolva delegar uma grande parte dos seus poderes ou apenas uma parcela deles. Há poderes que são indelegáveis: ou por vontade da lei, ou por natureza: é impossível delegar no subordinado o poder disciplinar...

c) A delegação pode ser específica ou genérica: isto é, pode abranger a prática de um acto isolado ou a prática de uma pluralidade de actos. A delegação específica caduca depois de o delegado exercer a competência, com a prática de um acto. A outra, aquela em que se indica as matérias em que o delegado pode tomar decisões, permanece e é exercida sempre que se torne necessária (gestão de pessoal). Exemplo: o reitor delega a competência nos Presidentes de escola para adjudicar o fornecimento de bens de valor inferior a 2 500 Euros. Exemplo de delegação específica: o reitor delega no presidente da Escola de direito competência para adjudicar a construção da Escola de Direito.

d) A lei permite a delegação de poderes delegados, ou seja, a subdelegação de poderes, funcionando o delegado como delegante. O CPA admite no art. 36.º a subdelegação de poderes, sujeita a autorização do delegante. E admite a delegação de 2.º grau e subsequentes. Neste caso, depois de autorizada a subdele-

---

[12] JOÃO CAUPERS, *Introdução...* cit., p. 138.

gação de poderes, também é possível subdelegar, salvo se existir reserva expressa do delegante ou subdelegante.

Antes de estudarmos o regime da delegação de poderes, cumpre distinguir esta figura da suplência e da delegação de assinatura.

A **suplência** é distinta da delegação de poderes por vários aspectos. Ela é distinta, designadamente, por acontecer por indicação da lei ou *ope legis*: assim, quando o titular de um órgão administrativo não pode exercer o seu cargo, por ausência, falta ou impedimento, a lei manda que as respectivas funções sejam exercidas interinamente por um suplente. Há, nestes casos, apenas um órgão, e não dois, que passa a ter provisoriamente um novo titular. O CPA chama a esta figura substituição (art. 41.º).

A delegação de poderes é também distinta da **delegação da assinatura**. Nestes casos, a lei permite que certos órgãos da Administração encarreguem um seu funcionário para assinar em seu nome a correspondência enviada. Assim, permite-se que o subalterno ao assinar a correspondência do superior o alivie de excesso de trabalho. Neste tipo de situações, quem continua a praticar os actos é o órgão competente, havendo apenas a possibilidade de o subalterno assinar em nome daquele, como quem coloca «um carimbo em nome do autor do acto».

Regime jurídico

Sem embargo de o regime de delegação de poderes estar previsto em diploma especial, o CPA contém o regime básico da delegação de poderes nos artigos 35.º a 40.º.

Vejamos quais são essas linhas gerais do regime jurídico da delegação de poderes previstas nestes artigos:

Convém distinguir, **em primeiro lugar,** aspectos que dizem respeito à validade da delegação de poderes e ao exercício válido de poderes delegados. Assim, vejamos quais são os requisitos de validade e de eficácia do acto de delegação e os requisitos de validade específicos dos actos praticados pelo delegado.

Acto de delegação: quais são requisitos de validade e de eficácia do acto de delegação?

1. Requisitos quanto ao conteúdo = requisitos de validade

i) O acto de delegação tem de especificar os poderes que são delegados ou quais os actos que o delegado pode praticar, ver art. 37.º, n.º 1 CPA: A forma de especificar é indicar as matérias em que o delegado pode tomar decisões ou especificar os poderes jurídicos que ele fica habilitado a exercer. Só assim se percebe se estamos perante uma delegação ampla ou restrita, genérica ou específica.

ii) De acordo com a regra geral no nosso sistema, a indicação deve ser feita positivamente, isto é, pela enumeração explícita dos poderes delegados ou dos actos que o delegado pode praticar, nos termos do art. 37.º, n.º 1 CPA.

iii) Os requisitos de conteúdo são requisitos de validade, pelo que a sua falta gera a invalidade do acto de delegação.

2. Requisitos quanto à publicidade = requisito de eficácia

i) O acto de delegação está sujeito a publicação no diário da república. Tratando-se da administração local, os actos de delegação de poderes devem ser publicados no boletim da autarquia ou afixados nos lugares de estilo, quando tal boletim não exista: ver art. 37.º, n.º 2 CPA

ii) A falta de publicidade gera a ineficácia da delegação de poderes, pelo que os actos do pretenso delegado ficam inquinados, pelo que padecem do vício de incompetência[13].

Acto praticado ao abrigo de uma delegação

1. A legalidade do acto praticado pelo delegado depende dos requisitos genéricos previstos na lei para todos os actos e depende de requisitos especiais:

i) A validade do acto praticado ao abrigo da delegação de poderes depende da existência, validade e eficácia da delegação de poderes, ficando irremediavelmente inquinado pelo vício de incompetência, se a delegação ao abrigo da qual foi praticado for inexistente, inválida ou ineficaz.

ii) Além disso, é requisito específico do acto praticado ao abrigo de uma delegação que os actos do delegado devam conter a menção expressa de que são praticados por delegação, devendo identificar-se o órgão delegante (art. 38.º CPA), já que só dessa forma os destinatários do acto podem exercer as garantias graciosas e contenciosas adequadas. O não cumprimento deste requisito não gera nenhuma invalidade, podendo tão só traduzir uma irregularidade (vd., por exemplo, o Acórdão do STA de 06.11.2002, proc. n.º 21 959, que refere: «a falta de menção da qualidade de delegado no da delegação não constitui a preterição de uma formalidade essencial para a decisão, mas mera irregularidade por violação do art. 38.º do CPA, a qual fica sanada se houver recurso contencioso».).

---

[13] Seguimos, pois, a posição de FREITAS DO AMARAL, *Curso...* cit., pp. 852 ss.

Em segundo lugar, cumpre saber que poderes tem o delegante

Já sabemos que após a delegação de poderes, o delegado tem a possibilidade de exercer esses poderes, como se estes fossem exercidos pelo delegante.
Contudo, o delegante continua a ter titular de certos poderes. Sobre o tema importa ter presente o art. 39.º CPA:

1. Tem a faculdade de avocação de casos concretos compreendidos no âmbito da delegação conferida, nos termos do art. 39.º, n.º 2 CPA. Assim, o poder de avocar significa trazer de volta a competência para resolver os casos concretos em que pretenda ser ele a decidir, deixando o delegado de poder exercer a competência;

2. Tem o poder de dirigir directivas e instruções ao delegado, sobre o modo como deverão ser exercidos os poderes delegados, uma vez que o delegante continua a ser o órgão «responsável pela totalidade da função». E se estivermos perante uma delegação hierárquica, o delegante pode mesmo dirigir ordens ao delegado que exprimirão o seu poder de direcção;

3. Tem o poder de revogar os actos praticados pelo delegado ao abrigo da delegação, quer por o considerar ilegal, quer sobretudo por o considerar inconveniente: ver art. 39.º, n.º 2 e 142.º, n.º 2, 1.ª parte do CPA.

Em terceiro lugar, cumpre falar sobre a natureza dos actos praticados pelo delegado ao abrigo da delegação

Entre nós, a regra geral é a de que os actos praticados pelo delegado têm o mesmo valor, as mesmas características e a mesma natureza que teriam se tivessem sido praticados pelo delegante. E, por isso, os actos praticados pelo delegado são definitivos e executórios nos mesmos termos que seriam se tivessem sido praticados pelo delegante. Ora, neste sentido, se o destinatário do acto do delegado se sentir lesado, podemos questionar se pode existir impugnação desse acto e a quem deve ser dirigida essa impugnação? Pode recorrer-se para o delegante do acto praticado pelo delegado?

A resposta varia conforme estejamos perante uma delegação hierárquica ou não hierárquica:

Se estivermos perante uma relação hierárquica:

Dos actos praticados pelo delegado-subalterno pode existir recurso para o superior-delegante. Esse recurso hierárquico será facultativo se o acto do delegado for definitivo, sendo certo que, à luz do entendimento maioritário da doutrina e segundo a jurisprudência dominante, da leitura dos preceitos do CPA em concordância com o (artigo 59.º, n.º 1 e 4) do CPTA, o acto só não será definitivo se existir algum preceito previsto em legislação especial que imponha a necessidade de desencadear perante aquele acto algum procedimento revisivo (reclamação ou recurso tidos como obrigatórios).

Se se tratar de uma delegação não hierárquica:

Por exemplo, entre Ministro e Secretário de Estado ou entre Câmara e o vereador: uma vez que não há hierarquia não pode haver recurso hierárquico. Contudo, uma vez que o delegante pode revogar os actos do delegado, pode permitir-se o recurso hierárquico impróprio para o delegante.

Finalmente, falta falar na extinção da delegação de poderes:

Nos termos do art. 40.º, a delegação extingue-se
1. Por revogação, já que o acto de delegação é um acto precário.
2. Por caducidade
a) ou porque se esgotaram os seus efeitos
b) ou porque foram substituídas as pessoas do delegante ou do delegado, e isto porque se considera que a delegação de poderes é um acto *intuitu personae*: um acto fundado numa relação de confiança pessoal entre delegante e delegado. Desta regra, e da constante substituição dos titulares dos órgãos da AP, «resulta a prática de muitos actos a descoberto» = actos praticados pelo delegado que não estão cobertos por uma delegação válida e eficaz, já que o novo titular não se apercebe da caducidade da delegação (art. 40.º, b), 2.ª parte)[14].

Quanto à natureza jurídica da delegação:

Sobre este assunto, não há uma posição doutrinal uniforme. Antes pelo contrário, há quatro posições diferentes, sendo possível, todavia, *reduzir*, salvo o devido respeito, *as diferentes posições a duas correntes opostas*, conforme o tipo de resposta que se dê à pergunta: a quem é que a lei atribui a competência, ao delegante ou, em simultâneo, ao delegante e ao delegado?
1. Uma refere que a competência é exclusivamente do delegante
2. A outra refere que a competência é conjuntamente do delegante e do delegado

Assim, de acordo com a primeira, porque o delegante é o único a receber da lei a competência, a delegação de poderes opera a transferência (transmissão ou alienação) da titularidade da competência (ROGÉRIO SOARES: tese da alienação) ou permite apenas a transferência do exercício de poderes do delegante para o delegado (FREITAS DO AMARAL: tese da transferência de exercício). MARCELO REBELO DE SOUSA entende que a lei de habilitação

---

[14] Sobre o assunto, vd. JOÃO CAUPERS, *Introdução...* cit., p. 125.

confere a competência ao delegante e não ao delegado, sendo que esta lhe permite transferir algumas faculdades incluídas nos poderes funcionais que a competência integra. O acto de delegação permite a transferência que não é só de exercício, é também de gozo ou titularidade (*Lições...* cit., p. 208).

De acordo com a segunda, ambos, delegante e delegado, recebem da lei a competência, sendo certo que é a manifestação de vontade do delegante que opera como condição de exercício da competência por parte do delegado (ANDRÉ GONÇALVES PEREIRA, MARCELLO CAETANO: tese da autorização). Para PAULO OTERO, a lei de habilitação confere simultaneamente ao delegante a titularidade e o exercício de certa competência e ao delegado a mera titularidade, dependendo o correspondente exercício do acto de delegação de poderes: tese da transferência de exercício com prévia titularidade simultânea de delegante e de delegado. Para JOÃO CAUPERS, a lei confere os poderes conjuntamente ao delegante e delegado, operando a manifestação de vontade expressa ou implícita como condição legal da prática por este de actos indicados na lei de habilitação.

A diferença, no plano prático, reside na diferente fundamentação para a impugnação do acto praticado fora do âmbito da delegação: incompetência no primeiro caso e segundo a primeira corrente; vício de forma, no segundo caso e de acordo com a segunda corrente.

PERSPECTIVA PRÁTICA

DELEGAÇÃO DE COMPETÊNCIAS

I.

Por decisão emitida ao abrigo de uma subdelegação de competências, o Director do Departamento de Construção e Conservação de Edifícios e Obras Diversas da Câmara Municipal de Lisboa intimou CARLOS para «proceder à demolição da obra clandestina efectuada e repor o local conforme o projecto aprovado».

Neste contexto, CARLOS, pretendendo recorrer desse acto junto do Tribunal Administrativo e Fiscal de Lisboa, vem invocar o seguinte:

a) que o acto de delegação de competências é nulo, uma vez que não se conhece que tenha existido qualquer lei de habilitação. E o mesmo acontece com a subdelegação, visto que o Presidente da Câmara não autorizou a transmissão sucessiva daquela competência;

b) que o acto que ordena a demolição padece do vício de incompetência, já que o acto de delegação de competência do Presidente da Câmara em benefício do Vereador do Urbanismo nunca foi publicado no Diário da República, devendo entender-se que a sucessiva transferência de competência é ilegal;

c) que o acto praticado ao abrigo da subdelegação padece de um vício grave porque o Vereador já tinha revogado aquele acto de transmissão de competência e, pior do que isso, o Director do Departamento de Construção e Conservação de Edifícios e Obras Diversas não faz qualquer menção ao facto de exercer uma competência ao abrigo de uma subdelegação de competências;

d) que não quer recorrer hierarquicamente ao Presidente da Câmara Municipal de Lisboa, uma vez que o acto praticado pelo subdelegado tem o mesmo valor que teria se fosse praticado por aquela entidade. E, ademais, seria duvidoso que tal acto viesse a ser revogado pelo Presidente, pois o Director é da sua inteira confiança.

II.

Por decisão emitida ao abrigo de uma delegação de competências, o Director do Departamento de Licenciamento das Actividades Privadas da Câmara Municipal de Lisboa intimou BENTO para «proceder à substituição do equipamento necessário ao preparo e venda de castanhas em via pública, sob pena de lhe ser retirado o cartão de vendedor ambulante».

Neste contexto, BENTO, pretendendo recorrer desse acto junto do Tribunal Administrativo e Fiscal de Lisboa, vem invocar o seguinte:

e) que o acto de delegação de competências é nulo, uma vez que não se conhece que tenha existido qualquer lei de habilitação para o efeito.

f) que o acto que o intima padece do vício de incompetência, já que o acto de delegação de competência do Presidente da Câmara nunca foi publicado no Diário da República;

g) que o acto praticado ao abrigo da delegação padece de um vício grave porque a delegação já tinha sido revogada e, pior do que isso, o Director não faz qualquer menção ao facto de exercer uma competência ao abrigo de uma delegação de competências;

h) que não quer recorrer hierarquicamente ao Presidente da Câmara Municipal de Lisboa, uma vez que o acto praticado pelo delegado tem o mesmo valor que teria se fosse praticado pelo delegante. E, ademais, seria duvidoso que tal acto viesse a ser revogado pelo Presidente, pois o Director é da sua inteira confiança.

III.

Um Director-Geral delegou no seu Subdirector-geral a competência que lhe foi atribuída por lei para ordenar o encerramento de farmácias. Este, ao abrigo da delegação de competências, ordenou o encerramento de uma farmácia por esta estar a funcionar sem direcção técnica devidamente habilitada. O dono da farmácia, por entender que a entidade pública em causa não decidiu bem, pretende impugnar esta decisão.

Considerando que não houve publicidade da delegação de poderes e que o Subdirector-Geral não mencionou a sua qualidade de delegado ao proceder ao exercício da competência, diga a quem deve aquele particular dirigir o seu recurso e com que fundamento?

IV.

O Reitor da Universidade do Minho, ao abrigo de uma delegação de poderes – uma delegação realizada em 24.05.2010, pelo Ministro da Ciência, Inovação e Ensino Superior, que vem permitir que aquela entidade autorize a realização de despesas com empreitadas de obras públicas, locação e aquisição de bens e serviços até ao limite de 1 milhão de Euros – veio dar o seu aval à construção de um bar-cantina, no *Campus de Gualtar*, tendo para o efeito autorizado a realização da respectiva despesa em 05.06.2010.

Neste contexto, considerando que o acto de delegação de poderes nunca foi publicado, pronuncie-se sobre a validade da decisão do Reitor.

V.

Em 15.01.2007, o Reitor da UTAD delegou certas competências nos Vice-reitores. Delegou no Vice-reitor JOÃO competência para decidir o recurso previsto no art. 43.º, n.º 1 do Decreto-Lei n.º 204/98, de 11 de Junho (recurso do acto de exclusão de um concurso para recrutamento e selecção de pessoal para a Universidade, que é dirigido ao dirigente máximo). Neste quadro, pressupondo que o Reitor avoca a competência e, não obstante a ter transmitido, pretende ser ele mesmo a decidir um recurso interposto por um candidato excluído de um procedimento concursal aberto pelos serviços da UTAD, mencione se tal desiderato é possível?

VI.

O Reitor da UM, por despacho n.º 13 715/2007, publicado no Diário da República de 12 de Julho de 2007, delegou nos actuais Presidentes de Escola um rol significativo de competências, sendo que, de entre elas, cumpre destacar a competência para aprovar a constituição de júris de selecção dos concursos de admissão de assistentes estagiários, autorizar a realização de chamadas telefónicas internacionais e autorizar a equiparação a bolseiro de docentes por períodos de 15 dias. Neste contexto, considerando a hipótese de terem decorrido eleições em Setembro de 2007 e ter sido eleito um novo Reitor, diga se o Presidente da Escola de Direito, ao abrigo daquela delegação, pode nomear o júri para recrutamento de um assistente estagiário para o grupo jurídico-privatísticas.

AULA N.º 7

SUMÁRIO:

1. Organização administrativa

   1.3. Tipos de relações funcionais *interorgânicas* e *interpessoais* (ou *intersubjectivas*)

      1.3.1 Tipos gerais

         1.3.1.1. A *hierarquia* administrativa

            1.3.1.1.1. Conceito
            1.3.1.1.2. Poderes característicos e típicos

         1.3.1.2. A superintendência

            1.3.1.2.1. Conceito
            1.3.1.2.2. Poderes característicos e outros poderes previstos na lei

         1.3.1.3. A tutela

            1.3.1.3.1. Conceito
            1.3.1.3.2. Poderes característicos e outros poderes previstos na lei (continuação da aula anterior)

BIBLIOGRAFIA DE BASE

DIOGO FREITAS DO AMARAL, *Curso...* cit., pp. 806 ss.; pp. 880 ss.; pp. 898 ss.
JOÃO CAUPERS, *Introdução...* cit., pp. 133 ss. e pp. 143 ss.
JOSÉ EDUARDO F. DIAS/FERNANDA PAULA OLIVEIRA, *Noções...* cit., pp. 93 ss.
MARCELO REBELO DE SOUSA, *Lições...* cit., pp. 211 a 217, pp. 228 a 233.

INTRODUÇÃO

Relações *interorgânicas* são as que se estabelecem no âmbito de uma pessoa colectiva (ou seja, entre órgãos de uma mesma p.c.p.). Relações *intersubjectivas* são as que ligam órgãos de duas pessoas colectivas distintas.

A hierarquia:

É o modelo de organização administrativa vertical, constituído por dois ou mais órgãos e agentes com atribuições comuns, ligados por um vínculo jurídico que confere ao superior o poder de direcção e impõe ao subalterno o dever de obediência.

Desta noção fazem parte os seguintes elementos:

i) Existência de um vínculo entre dois ou mais órgãos e agentes administrativos;
ii) Comunidade de atribuições: tanto o superior como o subalterno prosseguem as mesmas atribuições;
iii) Vínculo jurídico constituído pelo poder de direcção e pelo dever de obediência: vínculo = relação hierárquica, que é inter-orgânica.

A hierarquia externa distingue-se da hierarquia interna. A que interessa ao direito administrativo é a chamada hierarquia externa, que reflecte a repartição vertical de competências entre órgãos. Há outra hierarquia, dita interna, que é um modelo da Administração que tem por âmbito o serviço público. A hierarquia interna é uma hierarquia de agentes. Traduz-se fundamentalmente numa divisão de tarefas entre agentes e não na prática de actos jurídicos. É, ao fim e ao cabo, um modelo vertical de organização interna dos serviços públicos que assenta na diferenciação entre superiores e subalternos.

Já a hierarquia externa é uma hierarquia de órgãos que tem projecção para o exterior, através do poder de decisão e do poder de praticar actos jurídicos.

O conteúdo da relação: os poderes do superior e os deveres do subalterno

Numa relação hierárquica, o superior hierárquico dispõe de um certo número de poderes jurídicos. Os poderes do superior e os deveres (incluindo a sujeição) do subalterno constituem o conteúdo da relação jurídica hierárquica.

O superior tem fundamentalmente três poderes: o poder de direcção, o poder de supervisão e o poder disciplinar. Tem outros, ditos secundários, que se reflectem nestes.

i) O poder de direcção:

Este é o principal poder do superior hierárquico. Consiste na faculdade de o superior dar ordens e instruções, em matéria de serviço, ao subalterno. **As ordens traduzem-se em comandos individuais e concretos.** Através delas, o superior impõe aos subalternos a adopção de uma determinada conduta específica. Ao contrário, as **instruções são comandos gerais e abstractos**. Através delas, o superior impõe ao subalterno a adopção de certas condutas sempre que se verifiquem as situações previstas. Denominam-se circulares, as instruções transmitidas por escrito e por igual a todos os subalternos.

Este poder, o poder de dirigir ordens e instruções, não necessita de consagração legal expressa, uma vez que é inerente ao desempenho do poder de direcção.

ii) O poder de supervisão:

Este, visto numa perspectiva ampla, consiste na faculdade de o superior confirmar, revogar ou suspender, modificar ou substituir os actos administrativos praticados pelo subalterno, podendo tal poder ser exercido por iniciativa própria, através da *avocação*, ou na sequência de uma recurso hierárquico perante ele interposto.

Note-se que se o subordinado dispuser de competência exclusiva sobre a matéria, o superior hierárquico não pode modificar nem substituir o acto praticado pelo subordinado. Mesmo a revogação e a suspensão somente são possíveis a pedido dos interessados, isto é, daqueles que forem afectados pelo acto (e não por iniciativa do superior hierárquico: aqui só terá poder para ordenar a revogação ao próprio autor do acto). **Cfr. os artigos 142.º, n.º 1 e 174.º, n.º 1 CPA.** Com efeito, importa sublinhar que, por sua própria iniciativa, como refere o art. 142.º do CPA, o superior hierárquico só pode revogar os actos do subalterno, desde que não se trate de acto da sua competência exclusiva. Pois, neste caso, nem o poder de revogação nem o poder de substituir o acto revogado assistem ao superior. Já, quando se trata de decisão no âmbito de recurso hierárquico, nos termos do art. 174.º CPA, ao órgão competente para conhecer o recurso hierárquico, ou seja, ao superior, é dado poder para confirmar ou revogar o acto recorrido (mesmo que o subalterno tenha praticado o acto ao abrigo de competência própria e exclusiva). Contudo, neste caso, tratando-se de competência exclusiva do autor do acto recorrido, já o superior não pode modificar nem substituir o acto impugnado.

i) O poder disciplinar:

Este poder consiste na faculdade de o superior punir o subalterno, mediante a aplicação de sanções disciplinares previstas na lei, em consequência das infracções cometidas.

Há ainda outros poderes, como dissemos, que normalmente se integram na competência dos superiores hierárquicos, sendo, contudo, secundários àqueles três já enunciados. Podemos, contudo, reforçá-los aqui:

i) *O poder de inspecção*, que consiste na faculdade de o superior fiscalizar continuamente o comportamento dos subalternos e o funcionamento dos serviços.

ii) *O poder de decidir recursos*, que consiste na faculdade de o superior reapreciar os casos primariamente decididos pelo subalterno, podendo, como já dissemos, confirmar ou revogar o acto impugnado e eventualmente substituir esse acto (desde que não tenha sido praticado pelo subalterno ao abrigo de competência exclusiva. Cfr. Artigos 166.º e 174.º, n.º 1, 1.ª parte CPA.

iii) *O poder de decidir conflitos de competência*, que consiste no poder de o superior declarar, em caso de conflito positivo ou negativo entre subalternos seus, a qual deles pertence a competência conferida por lei (vd. artigos 42.º e 43.º CPA).

iv) *O poder de substituição*, que consiste na faculdade de o superior exercer legitimamente competências conferidas ao subalterno. Poder problemático que não pode existir sempre, já que deve ter em conta a competência exclusiva do subalterno e além de que pode destruir o princípio da desconcentração de poderes. Cfr. artigo 174.º, n.º 1, 2.ª parte CPA.

Os deveres do subalterno:

Para além dos deveres de assiduidade, isenção, zelo, urbanidade, sigilo profissional (previstos no Estatuto Disciplinar dos Trabalhadores que exercem Funções Públicas = Lei n.º 58/2008, de 9 de Setembro = *estatuto disciplinar da função pública*), destaca-se **o dever de obediência**.

O dever de obediência consiste na obrigação de o subalterno cumprir as ordens e instruções dos seus legítimos superiores hierárquicos, dadas em objecto de serviço e sob a forma legal.

Do conceito dado sobre o dever de obediência, destacam-se três aspectos importantes:
1. Ordens emanadas pelo legítimo superior hierárquico;
2. Ordens dadas em objecto de serviço;
3. Ordens dadas sob a forma legal.

Como só existe dever de obediência quando estes pressupostos estão presentes, deve considerar-se que uma ordem dada pelo Director-Geral das Contribuições e Impostos a um subalterno do Director-Geral das Alfândegas não é para cumprir. E, igualmente não é para cumprir uma ordem que respeite a uma assunto particular do superior ou do subalterno. Também não é para cumprir a ordem dada verbalmente, quando a lei exige que seja dada por escrito.

E, podemos agora questionar, se ainda há dever de obediência quando a ordem pareça ilegal, ou se, designadamente, se traduzir na prática de um crime. Por outras palavras: o subalterno deve cumprir uma ordem que considera ilegal ou que se traduza na prática de um crime?

Ora, a questão não é, de todo em todo, simples, já que «as ordens cumprem-se e não se discutem». O que fazer perante a ordem que parece contrária à lei?

A resposta decorre da leitura dos artigos 271.º, n.º 2 e n.º 3 da CRP, art. 5.º, n.º 2 e n.º 3.º *do estatuto disciplinar da função pública* e artigos 133.º e 134.º CPA.

1. O dever de obediência cessa sempre que o cumprimento das ordens ou instruções implique a prática de um crime (art. 271.º, n.º 3 CRP e artigo 5.º, n.º 5 do estatuto)

2. E cessa igualmente quando provenham e estejam contidas em acto nulo (arts. 133.º e 134.º, n.º 2 CPA). Imagine-se o caso de ter existido coação sobre o autor da ordem[15].

Fora destes casos, se o subordinado tiver a ordem recebida por ilegal, ele deve cumprir a ordem. Contudo, pode accionar um mecanismo no sentido de se excluir de uma qualquer eventual responsabilidade pelas consequências da execução de uma ordem ilegal (art. 271.º, n.º 2 CRP e artigo 5.º, n.º 2 e n.º 3): ele pode reclamar e exercer o direito de representação (ou *direito de respeitosa representação*. Este direito permite que o subalterno reclame da ordem que considera ilegal e peça a transmissão da ordem por escrito, excluindo-se, assim, de qualquer responsabilidade que decorra da execução do acto ilegal[16].

Cfr. art. 5.º do estatuto disciplinar.

---

[15] Seguimos, pois, fundamentalmente MARCELO REBELO DE SOUSA, *Lições...* cit., pp. 216 a 220.
[16] Sobre o tema, vd. JOÃO CAUPERS, *Introdução...* cit., pp. 118 a 119.

Como exerce este direito?

1. Se a ordem tiver de ser cumprida de imediato, o funcionário deve acatar a ordem e em seguida exercer o direito de representação (Estatuto disciplinar: art. 5, n.º 4.º).
2. Se a ordem não for para imediato cumprimento, o funcionário deve reclamar e pedir a transmissão ou confirmação da ordem por escrito, fazendo expressa menção de que considera a ordem ilegal (Estatuto disciplinar: art. 5.º, n.º 3).

a) Se a espera na confirmação não causar danos ao interesse público, o subalterno pode aguardar uma resposta,

b) Se não for o caso, deve cumprir a ordem, devendo comunicar por escrito o conteúdo da ordem recebida e da representação remetida, bem como da falta de resposta do superior. Logo de imediato, deve executar a ordem.

A hierarquia distingue-se da supervisão, que é uma *quase-hierarquia*:

Esta é uma forma de relacionamento inter-orgânico em que o órgão supervisionante não pode dar ordens ao órgão supervisionado, mas pode agir sobre os actos deste, designadamente, revogando-os. Exemplo: relacionamento entre o órgão colegial e os seus membros. Por exemplo: entre câmara municipal e os membros desta individualmente considerados.

Neste âmbito, pode existir o recurso hierárquico impróprio, art. 176.º, n.º 1 CPA e art. 176.º, n.º 2 CPA.

Relações *interpessoais* ou *intersubjectivas*:

As relações interpessoais pressupõem a existência de um sistema descentralizado: um sistema em que a função administrativa não está apenas confiada ao Estado, mas também a outras pessoas colectivas territoriais, designadamente as autarquias locais. Assim se fala de descentralização territorial, de que falaremos na próxima aula.

Ora, o tipo de relações que existe neste tipo de sistema descentralizado entre o Estado e as autarquias locais é a relação de tutela.

Podemos falar também numa descentralização imprópria ou institucional, que é a que dá origem aos institutos públicos. Na verdade, para sermos mais precisos, num sistema de devolução de poderes, em que os interesses públicos a prosseguir pelo Estado, ou pelas pessoas colectivas de população e território, são postos por lei a cargo de pessoas colectivas de fins singulares, encontramos de dois tipos de relações, a que chamamos superintendência e tutela. Com efeito, designadamente, entre o Estado e estas ps. cs. ps. singulares, auxiliares ou instrumentais, como são os institutos públicos, existe tanto o tipo de relação de superintendência como a de tutela. Cfr. art. 199.º, d) CRP.

A superintendência:

A relação de superintendência entre duas pessoas colectivas confere aos órgãos de uma delas os poderes de definir os objectivos e orientar a actuação dos órgãos da outra.

A relação de superintendência estabelece-se entre duas pessoas colectivas, sendo que uma delas se encontra, nalguma medida, na dependência de outra. Assim, acontece, na maioria das vezes, porque uma criou a outra.

Conceito:

A superintendência é o poder conferido ao Estado, ou a outra pessoa colectiva de fins múltiplos (como seja uma autarquia ou uma região autónoma), de definir os objectivos e guiar a actuação das pessoas colectivas públicas de fins singulares colocadas por lei na sua dependência.

Os instrumentos típicos da superintendência são as **directivas e as recomendações:**

Assim, as directivas são orientações genéricas, que definem imperativamente os objectivos a cumprir pelos seus destinatários, mas deixam liberdade de decisão, quanto aos meios a utilizar e às formas a adoptar para os atingir. As recomendações são opiniões ou conselhos acompanhados de um convite para agir num certo sentido, sem que sejam acompanhados de sanção para a hipótese do não cumprimento.

A tutela:

A relação de tutela administrativa entre duas pessoas colectivas públicas determina que os actos praticados pelos órgãos da pessoa colectiva tutelada se encontrem sujeitos à interferência de um órgão da entidade tutelar, com o propósito de assegurar a legalidade ou o mérito daqueles.

Conceito:

A tutela é o conjunto de poderes de intervenção de uma pessoa colectiva pública na gestão de outra pessoa colectiva pública, a fim de assegurar a legalidade ou o mérito da sua actuação.

Da definição ressaltam as características da tutela:
a) a existência de duas pessoas colectivas distintas: a tutelar e a tutelada;
b) Uma delas é obrigatoriamente p.c.p.: a tutelar;
c) os poderes de tutela são poderes de intervenção na gestão de uma p.c.p.;
d) o fim da tutela é assegurar que a legalidade é cumprida ou que são tomadas as decisões convenientes e oportunas para o interesse público.

Classificação da tutela, tendo em conta dois critérios principais:

1. Quanto ao fim da tutela:

a) **Tutela de legalidade,** que não pode ir além do plano da conformidade legal;

b) **Tutela de mérito,** que pode incidir sobre a oportunidade e a conveniência da actuação administrativa. Cfr. art. 242.º, n.º 1 da CRP: a tutela do Estado sobre as autarquias locais é apenas uma tutela de legalidade, isto é, destina-se a verificar o cumprimento da lei por parte dos órgãos autárquicos. Já sobre os Institutos Públicos pode existir tutela de mérito.

2. Quanto à forma de exercício ou quanto ao conteúdo da tutela:

a) **Tutela integrativa ou correctiva** = é aquela que consiste no poder de autorizar ou aprovar os actos da entidade tutelada. A tutela integrativa *a priori* consiste em autorizar a prática de actos. A tutela integrativa *a posteriori* consiste no poder de aprovar os actos, sendo certo que a entidade tutelada pode praticar o acto, mas a executoriedade só surge depois de aprovado o acto pela entidade tutelar. Num caso, trata-se de uma condição de validade, no outro numa condição de eficácia. Na tutela integrativa não há poder de substituição, pelo que a entidade tutelar não pode modificar os actos da entidade tutelada.

b) **Tutela inspectiva** = consiste no poder de fiscalização dos órgãos, serviços, documentos e contas da entidade tutelada. Por outras palavras: consiste no poder de fiscalização da organização e funcionamento da entidade tutelada. A Administração tem «serviços inspectivos» vocacionados para isso.

c) **Tutela sancionatória** = consiste no poder de aplicar sanções por irregularidades que tenham sido detectadas na entidade tutelada.

d) **Tutela revogatória** = consiste no poder de revogar actos administrativos praticados pela entidade tutelada. Este poder é excepcional na tutela administrativa e só pode ser exercido quando expressamente previsto na lei. Cfr. art. 142.º, n.º 3 do CPA.

e) **Tutela substitutiva** = é o poder da entidade tutelar de suprir as omissões da entidade tutelada, praticando, em vez dela e por conta dela, os actos que forem legalmente devidos. Cfr. art. 177.º, n.º 4 do CPA.

Cumpre, pois, **à lei,** tendo em conta o quadro jurídico-constitucional, prever as diferentes formas de tutela (art. 242.º, n.º 1 e n.º 2 da CRP).

O regime jurídico da tutela administrativa apresenta os seguintes traços gerais:

1. As relações de tutela têm de resultar da lei: **«a tutela não se presume»**. De facto, só existe tutela quando a lei o refere e nos precisos termos em que a lei o estabelecer. Ou seja, por outras palavras: a tutela só existe nas modalidades que a lei consagrar, e nos termos e dentro dos limites que a lei a impuser. Nem sempre a lei é cumpridora desta regra. Contudo, a relação de tutela e as formas de exercício devem estar previstas na lei, designadamente nas Leis orgânicas dos diversos Ministérios. Vamos estudar a Lei que prevê a tutela do Estado sobre as autarquias locais: Lei n.º 27/96, de 1 de Agosto, que apenas acolhe a modalidade da tutela de legalidade e a tutela inspectiva.

2. A tutela nunca envolve o poder de orientar a actividade da pessoa colectiva tutelada, isso destruiria a autonomia da pessoa colectiva tutelada.

3. Os actos através dos quais se exerce a tutela podem ser impugnados pela entidade tutelada junto dos tribunais administrativos. Estas têm legitimidade para recorrer dos actos de tutela.

4. O recurso tutelar: possibilidade de recorrer para a entidade tutelar dos actos praticados pela entidade tutelada. Este recurso tutelar para existir tem que estar consagrado na lei: art. 177.º, n.º 2 do CPA.

Sobre as diferenças entre a hierarquia, a superintendência e a tutela, pode apresentar-se a seguinte síntese:

1. Quanto à natureza jurídica, enquanto que os poderes de tutela são fundamentalmente poderes de controle – não se trata somente de fiscalizar a actuação da entidade tutelada, mas de assegurar e garantir o respeito da legalidade e quando for caso disso, o mérito da actividade desenvolvida –, os poderes de superintendência são poderes de orientação. Este, o poder de superintendência, é um poder mais amplo e mais forte do que o de tutela. Tem, pois, por objecto organismos dependentes.

2. O poder de superintendência é, contudo, mais ténue do que o poder de direcção, que é típico das relações de hierarquia. As directivas e as reco-

AULA N.º 7

mendações são, pois, menos fortes do que as ordens e as instruções. Contudo, já é mais forte do que o poder de tutela, uma vez que este é um poder de controle.

3. Duas pessoas colectivas podem estar simultaneamente ligadas por relações de superintendência e de tutela: isto acontece, designadamente, em relação às entidades que compõem a Administração instrumental do Estado, que é constituída pelos Institutos Públicos. Já relativamente às entidades que integram a Administração Autónoma, nomeadamente as Autarquias Locais, o Estado tem com elas somente uma relação de tutela, e designadamente a de legalidade, sendo esta exercida através das formas mais ténues (art. 242.º, n.º 1 CRP).

1. Relação jurídica hierárquica

Poderes de direcção

2. Relação jurídica *intersubjectiva*

p.c.p. de fins múltiplos

p.c.p. de fins singulares

p.c.p. de fins singulares

Sistema de descentralização territorial

Poderes de superintendência e tutela

3. Relação jurídica *intersubjectiva*

Poderes de tutela de legalidade

AULA N.º 8

SUMÁRIO:

1. A organização administrativa portuguesa

   1.1. O modelo constitucional de organização da Administração Pública

      1.1.1. Os princípios constitucionais sobre a organização administrativa

         1.1.1.1.1. Princípio da desburocratização
         1.1.1.1.2. Princípio da aproximação dos serviços às populações
         1.1.1.1.3. Princípio da participação dos interessados na gestão efectiva dos serviços públicos
         1.1.1.1.4. Princípio da descentralização administrativa
         1.1.1.1.5. Princípio da desconcentração administrativa

   1.2. Os sectores da organização administrativa

      1.2.1. Enumeração

         1.2.1.1. A organização administrativa portuguesa.
         1.2.1.1.2. A Administração Estadual Directa
            1.2.1.1.2.1. O Governo e os Ministérios
            1.2.1.1.2.2. Os serviços centrais e os serviços periféricos (para continuar na próxima aula)

BIBLIOGRAFIA DE BASE

DIOGO FREITAS DO AMARAL, *Curso...* cit., pp. 219 ss.; pp. 873 ss.
JOÃO CAUPERS, *Introdução... cit.*, pp. 130 a 132, pp. 89 a 91.
JOSÉ EDUARDO F. DIAS/ FERNANDA PAULA OLIVEIRA , *Noções...* cit., pp. 65 ss.
MARCELO REBELO DE SOUSA, *Lições...* cit., pp. 223 a 237, pp. 239 ss.

BIBLIOGRAFIA COMPLEMENTAR

MARCELO REBELO DE SOUSA/ANDRÉ SALGADO DE MATOS, *Direito...* cit., pp. 136 ss.
JOSÉ CARLOS VIEIRA DE ANDRADE, *Direito Administrativo/2.º ano, Sumários ao curso de 2001/2002*, polic., pp. 28 a 30.

LEGISLAÇÃO

Lei orgânica do Governo: vd. *Caderno de Legislação Administrativa.*

A ESTRUTURA DA ADMINISTRAÇÃO PÚBLICA: QUE MODELO ESTÁ DESENHADO NA CONSTITUIÇÃO?

Analisemos o artigo 267.º, n.º 1 e n.º 2 CRP:

Assim, nos termos do artigo 267.º da Constituição, a Administração Pública deve ser estruturada de modo a evitar a burocratização, a aproximar os serviços das populações e a assegurar a participação dos interessados na sua gestão efectiva (n.º 1).

Para o efeito, a lei deve estabelecer adequadas formas de descentralização e desconcentração administrativa, sem prejuízo da necessária eficácia e unidade de acção da Administração e dos poderes de direcção, superintendência e tutela dos órgãos competentes (n.º 2).

Este preceito constitucional contém diversos objectivos: uns primários (como a desburocratização) e outros derivados (como a aproximação dos serviços das populações) a par com princípios normativos: no que respeita à organização prevê, pois, os princípios de descentralização e desconcentração. A descentralização e a desconcentração são os princípios orientadores que o legislador ordinário deve concretizar, a eficácia e a unidade da acção administrativa serão os limites dentro dos quais o legislador ordinário deve cumprir esta orientação.

A estrutura da administração pública rege-se por cinco princípios constitucionais:

1. O princípio da desburocratização

Este exige que os métodos de trabalho da Administração evitem diligências e formalidades inúteis e facilitem a vida dos cidadãos. A CRP impõe ao legislador que renove a estrutura da AP, no sentido de a equipar de métodos ágeis e céleres de funcionamento.

2. O princípio da aproximação dos serviços às populações

Fundamentalmente, este princípio recomenda que a AP em geral, e os serviços públicos, em especial, se estruturem de tal forma que estejam localizados o mais possível junto das populações que visam servir. Os serviços devem, pois, estar instalados junto dos seus destinatários.

3. O princípio da participação dos interessados na gestão efectiva dos serviços públicos aconselha a que a Administração Pública adopte modelos de administração participada, designadamente, por via da abertura do procedimento à colaboração e participação dos interessados e também da integração na Administração de órgãos representativos de interesses.

4. O princípio da descentralização administrativa

Este princípio determina que os interesses públicos que a actividade administrativa pública visa satisfazer num determinado país não estejam somente a cargo da pessoa colectiva pública Estado, mas também de outras pessoas colectivas públicas.

Em que é que se traduz a descentralização?
Para que haja verdadeira descentralização administrativa é necessário que estejam preenchidos alguns pressupostos:

a) Que estas pessoas colectivas públicas distintas da pessoa colectiva pública Estado tenham a sua existência assegurada na Constituição;
b) É indispensável que tais ps. cs. ps. disponham de órgãos eleitos;
c) É necessário também que as suas atribuições estejam consagradas em lei;
d) E, finalmente, é indispensável que o Estado não intervenha na sua actuação, a não ser para realizar uma tutela de legalidade.

Ora, em Portugal, sob o ponto de vista jurídico, existe uma verdadeira descentralização administrativa de base territorial. E são as autarquias locais que concretizam, nos termos do art. 237.º, n.º 1, uma verdadeira descentralização administrativa, uma vez que a Constituição:

a) Garante a sua existência e as suas atribuições, ver artigos 235.º a 237.º;
b) Preceitua que estas dispõem de órgãos eleitos (art. 239.º, n.ºs 1 e 2 CRP);
c) E determina que o Estado apenas pode exercer sobre os órgãos autárquicos tutela administrativa de legalidade (art. 242.º, n.º 1 da CRP).

Contudo, o sistema administrativo português concretiza, a par com a descentralização territorial, uma descentralização não territorial.

A descentralização não territorial é a que resulta da devolução de poderes: O Estado, ou outra pessoa colectiva de população e território, pode criar institutos públicos ou empresas públicas, entidades de fins singulares ou entidades instrumentais, que têm como objectivo prosseguir as atribuições destas pessoas públicas.

A descentralização de base não territorial não é, contudo, imposta e assegurada pela Constituição, como acontece para a outra forma de descentralização. O Estado deve orientar-se nesse sentido, mas não é obrigatório que o faça.

5. O princípio da desconcentração administrativa

Este princípio recomenda que, em cada pessoa colectiva pública, as competências necessárias à prossecução das respectivas atribuições não sejam todas confiadas aos órgãos de topo de hierarquia, mas distribuindo-as pelos diversos níveis de subordinados.

Ora, esta distribuição de competências pelos diversos órgãos de uma p. c. p. pode resultar directamente da lei, falando-se neste caso de desconcentração originária. Mas, pode derivar também da delegação de competências, como já falámos em outra aula. Neste caso, trata-se de desconcentração derivada.

A CRP dispõe que a estrutura da Administração pública deve realizar a desconcentração, mas não estabelece qual a dose ou medida certa de desconcentração que o legislador deve concretizar, pelo que este princípio previsto na CRP, no art. 267.º, n.º 2, é um princípio orientador, cuja concretização fica a cargo do legislador ordinário.

O que se pode dizer em síntese?

Como se percebe, revelando uma tensão intrínseca no seio da organização do poder político, o artigo 6.º da CRP proclama simultaneamente a unidade do Estado e os princípios da autonomia regional e da descentralização. E o art. 267.º, n.º 2 CRP, ao dispor que a lei deve estabelecer formas adequadas de descentralização e de desconcentração administrativas, reproduz esse mesmo conflito a nível da organização administrativa. Ora, caberá ao legislador ordinário concretizar estes princípios, que não são, como se compreende, absolutos. Eles são princípios sujeitos a alguns limites: o princípio da unidade da acção administrativa visa, portanto, evitar que a descentralização e a desconcentração administrativas levem à perda da unidade do Estado, por via da pulverização de centros de decisão potencialmente desconcentrados dentro da administração. Ao mesmo tempo, o princípio da unidade da acção administrativa permite atingir uma maior igualdade da actuação administrativa e dar sentido à responsabilidade política do Governo, enquanto órgão superior da administração pública (art. 182.º CRP).

Em suma: a orientação consagrada na CRP, no art. 267.º, n.º 2., indica que cabe ao legislador ordinário repartir as atribuições entre as diversas pessoas colectivas públicas e distribuir as competências pelos diversos entes e órgãos administrativos, com respeito pelos princípios de descentralização e desconcentração e dentro dos limites da unidade de acção administrativa.

O princípio da unidade da acção administrativa visa, assim, corrigir ou atenuar as desvantagens dos princípios da descentralização e da desconcentração. Não é um «contra-princípio» em face dos dois anteriormente referidos. Contudo, por virtude da sua própria natureza principal, pode eventualmente com eles colidir.

E resta, portanto, responder à pergunta: como chegar a um equilíbrio? Através do princípio da eficiência que impõe que em cada momento, sejam concretizáveis as soluções mais eficientes e rentáveis ou adequadas sob o ponto de vista da efectiva realização do interesse público a cargo da Administração Pública.

Assim, os princípios da descentralização e desconcentração devem ser consagrados dentro dos limites da unidade da acção administrativa, segundo o princípio da eficiência.

A unidade de acção administrativa há-de, pois, ser assegurada pelo *Governo* que é, nos termos da Constituição, «o órgão superior da administração pública (art. 182.º), ao qual compete, entre outras tarefas, *dirigir* os serviços e a actividade da administração directa do Estado, *superintender* na administração indirecta e exercer a *tutela* sobre esta e a administração autónoma (art. 199.º, d) CRP = competência administrativa do governo).

Constituem, pois, importantes instrumentos do princípio da unidade da administração os poderes de direcção, tutela e superintendência (arts. 199.º, d), e 267.º, n.º 2 CRP) e os poderes de fiscalização administrativa das entidades privadas que exerçam poderes públicos (art. 267.º, n.º 6 CRP); assim como os poderes de fiscalização, supervisão e disciplinar que a lei confere ao superior hierárquico sobre os subalternos (arts. 142.º, n.º 1 + 174.º CPA + *Estatuto disciplinar da função pública* = EDFAAP) e os poderes que o regime jurídico da delegação de poderes confere ao delegante (arts. 35.º a 40.º CPA).

(Ver: J. C. VIEIRA DE ANDRADE, *Direito Administrativo/2.º ano, Sumários ao curso de 2001/2002*, polic., pp. 28 a 30 e MARCELO REBELO DE SOUSA/ANDRÉ SALGADO DE MATOS, *Direito Administrativo Geral*, Tomo I, Dom Quixote, Lisboa, 2004, esp. pp. 139 a 146).

Os sectores da organização administrativa constitucionalmente previstos:

1. A Lei Fundamental reconhece a existência de vários sectores administrativos:

a) Administração Estadual, directa e indirecta
b) Administração autónoma de base territorial e de base não territorial (que inclui designadamente a associativa)

Neste sentido, e de acordo com o que já dissemos até ao momento, podemos apontar o seguinte:

1. No que diz respeito à Administração Autónoma de base territorial, a CRP preocupa-se com a garantia da sua autonomia administrativa, quer no que respeita às Regiões Autónomas (ver art. 227.º, al. d) e g), quer no que toca ao poder local (ver art. 235.º e ss.).

Senão vejamos: a Constituição define as figuras e os órgãos da Administração Autónoma Local (ver artigos 236.º e 239.º), atribui-lhe certos poderes e assegura a sua autonomia efectiva (ver art. 242.º).

As Regiões Autónomas e as autarquias são entes de existência obrigatória, aos quais o legislador ordinário terá de reconhecer um conjunto relevante de atribuições e de poderes autónomos de decisão (cfr. artigos 237.º e 238.º).

2. Quanto à Administração directa e indirecta do Estado, a Constituição estabelece a orientação geral *desconcentradora* e *descentralizadora* e os correspondentes poderes de direcção, de orientação e de controle do Governo, como órgão superior da Administração Pública.

3. No que toca à administração autónoma de base não territorial (ou corporativa), a Constituição, desde 1997, prevê a existência de associações públicas (art. 267.º, n.º 4), determinando que só podem ser constituídas para a satisfação de necessidades específicas (segundo o princípio da especificidade das atribuições) e que não podem exercer funções sindicais e determina ainda que estas têm organização interna democrática (art. 267.º, n.º 4).

Este sector tende actualmente a estender-se de forma significativa, integrando tanto as **Ordens profissionais** (além da dos advogados, médicos, engenheiros, as dos economistas, biólogos, arquitectos, engenheiros técnicos e enfermeiros) e **Câmaras profissionais** (dos despachantes oficiais, dos revisores oficiais de contas), **como também outras organizações da actividade económica** (por exemplo, as bolsas de valores, as comissões vitivinícolas regionais) **e social** (federações desportivas).

Assim, **a administração autónoma não territorial tanto pode integrar entidades colectivas com estatuto público,** como são as associações públicas e consórcios públicos, **como entidades desprovidas de personalidade jurídica pública:** umas têm natureza associativa e outras têm natureza fundacional.

As instituições particulares de solidariedade social e as entidades auto-reguladoras são exemplo destas entidades. As entidades auto-reguladoras são pessoas colectivas privadas de natureza associativa ou societária que exercem fundamentalmente funções de regulação das actividades desenvolvidas pelos seus membros. Como exemplo destas entidades podem apontar-se *as federações desportivas*, as *comissões vitivinícolas* e as *bolsas*[17].

Finalmente, a Constituição permite a criação por lei de «entidades administrativas independentes» (art. 267.º, n.º 3).

Nota:

É precisamente nesta sequência que, de hoje em diante e até final do semestre deste curso de Direito da Organização Administrativa, vamos estudar a organização administrativa portuguesa.

---

[17] Sobre o tema, vd. VITAL MOREIRA, *Auto-regulação Profissional e Administração Pública*, Coimbra, 1997, pp. 303 a 305, pp. 381 a 385.

AULA N.º 8

ORGANOGRAMA DA ADMINISTRAÇÃO PÚBLICA

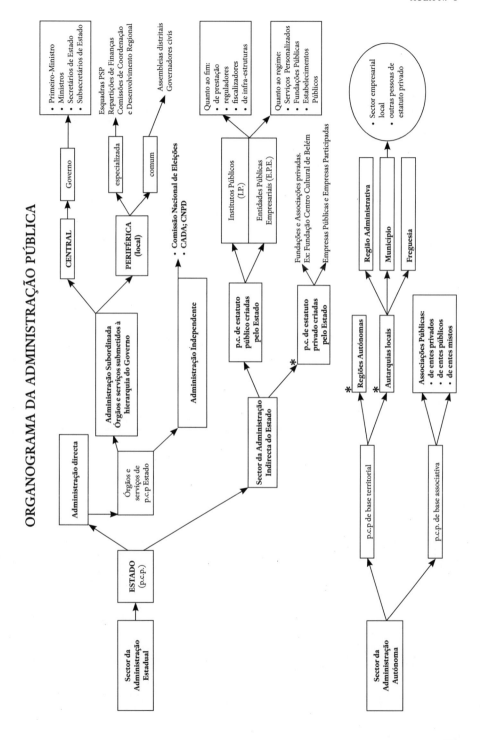

AULA N.º 9

SUMÁRIO:

1. A organização administrativa portuguesa

   1.1. Administração Estadual Directa

      1.1.1. Órgãos e serviços centrais

         1.1.1.1. Governo e Ministérios

      1.1.2. Órgãos e serviços periféricos

BIBLIOGRAFIA DE BASE

DIOGO FREITAS DO AMARAL, *Curso...* cit., pp. 219 ss.; pp. 873 ss.
JOÃO CAUPERS, *Introdução... cit.*, pp. 130 a 132, pp. 89 a 91.
JOSÉ EDUARDO F. DIAS/ FERNANDA PAULA OLIVEIRA , Noções... cit., pp. 65 ss.
MARCELO REBELO DE SOUSA, *Lições...* cit., pp. 223 a 237, pp. 239 ss.

O ESTADO-ADMINISTRAÇÃO

Conceito

Para além da acepção constitucional e internacional, que já conhecem de outras disciplinas, Estado é, na acepção administrativa, a pessoa colectiva pública que, no seio da comunidade nacional, desempenha, sob a orientação do Governo, a actividade administrativa.

O Estado como pessoa colectiva pública

Nos quadros do Direito Administrativo: o Estado-administração é uma entidade jurídica, uma pessoa colectiva pública, entre muitas; é o ente público máximo que tem supremacia sobre os entes públicos menores.

Com efeito, o Estado é uma p.c.p. autónoma, de fins múltiplos, não confundível com os governantes que o dirigem, funcionários que o servem, nem com demais entidades que também integram a Administração Pública – Regiões Autónomas, autarquias, Institutos Públicos –, nem com os cidadãos com quem ele se relaciona.

Quais são as atribuições do Estado?

O Estado é uma pessoa colectiva de fins múltiplos, podendo e devendo prosseguir diversas e variadas atribuições:

1) Atribuições principais;
2) Atribuições auxiliares (principalmente de gestão, jurídicas e de documentação)
3) Atribuições de comando (de estudo e planeamento, previsão, organização, controle e relações públicas).

DIREITO DA ORGANIZAÇÃO ADMINISTRATIVA

De entre as <u>atribuições principais, destacam-se as:</u>

a) De soberania, incluindo a defesa nacional, polícia e relações externas;
b) Económicas, incluindo as relativas à moeda, impostos, crédito, actividades produtivas, comércio externo e outras;
c) Sociais, incluindo a saúde, segurança social, habitação e urbanismo (etc);
d) Educativas e culturais, incluindo ensino, cultura, fomento do desporto, artes.

Para conhecermos as atribuições do Estado é necessário consultar a CRP, as leis ordinárias, designadamente as leis orgânicas e regulamentos dos ministérios e das direcções-gerais e outros organismos da administração central do Estado.

Espécies de administração do Estado:

A administração do Estado é multiforme e comporta várias espécies. Assim, cumpre distinguir:
1. A administração directa e indirecta do Estado;
2. A administração central do Estado e administração local do Estado.

A Administração directa do Estado é a actividade exercida por órgãos e serviços integrados na própria p.c.p. Estado, uma vez que esta tem personalidade jurídica autónoma reconhecida no âmbito do direito interno.

São órgãos administrativos do Estado:

i) O Governo, que para além de órgão político é também órgão administrativo, de carácter permanente e directo;
ii) Os membros do Governo individualmente considerados;
iii) Os directores-gerais, directores de serviços e chefes de repartição;
iv) Os governadores civis, os chefes das repartições de finanças;
v) e tantos outros são órgãos do Estado: o Chefe do Estado-Maior-General das Forças Armadas, os Chefes de Estado-Maior da Armada, do Exército e da Força Aérea, os Comandantes-Gerais da Polícia de Segurança Pública e da Guarda Nacional Republicana e os Directores da Polícia Judiciária, Directores do Serviço de Estrangeiros e Fronteiras.

Não são órgãos administrativos do Estado: o Presidente da República, a Assembleia da República e os tribunais.

Serviços do Estado-administração:

Os ministérios, as secretarias de Estado, as direcções-gerais, os governos civis, as repartições de finanças são serviços públicos do Estado.

Se, como dissemos, a administração directa do Estado é a actividade exercida por serviços integrados na pessoa colectiva Estado, a administração indirecta do Estado é outra coisa que vamos estudar depois: é a actividade que, não obstante ser exercida para realização dos fins do Estado, é exercida por pessoas colectivas distintas do Estado.

Enquanto os Ministérios, as secretarias de Estado e as direcções-gerais (etc.) são organismos incluídos na administração directa do Estado, o Instituto de Estradas de Portugal, o Instituto do Emprego e Formação Profissional e a ANAV, E.P.E são entidades que se integram na segunda.

Com efeito, os Institutos Públicos e as Entidades Públicas Empresariais integram a administração indirecta do Estado porque são organismos criados pelo Estado para prosseguir as atribuições deste. Vamos estudá-los na próxima semana.

A administração directa do Estado

A administração directa do Estado, que se caracteriza pela unicidade, carácter originário, territorialidade, multiplicidade de atribuições, pelo pluralismo de órgãos e serviços, é integrada, na sua maior parte, por órgãos e serviços submetidos à hierarquia do Governo, estando, assim, numa relação de subordinação e dependência perante um membro do governo.

Mas, a administração directa do Estado integra também organismos (entidades e órgãos) que não estão subordinados ao Governo. São órgãos de vocação geral independentes – também designados por entidades administrativas independentes – que não estão sujeitos à hierarquia do Governo e exercem funções administrativas. A Comissão Nacional de Eleições, a Entidade Reguladora para a Comunicação Social, Entidade Reguladora para a Saúde e outros órgãos com função idêntica, são exemplos deste género de entidades, que estudaremos no final do semestre.

A administração directa subordinada do Estado pode abranger todo o território nacional (ou continental): **esta é a administração central do Estado**.

Mas nem todos os órgãos e serviços do Estado exercem competência extensiva a todo o território nacional, nem todos são, pois, órgãos e serviços centrais.

De facto, a administração directa do Estado tem uma outra configuração quando abrange apenas uma porção do território (uma circunscrição): esta é a administração periférica ou local do Estado. A *administração periférica do Estado*, que integra órgãos e serviços locais do Estado instalados em diversos pontos do território nacional e com competência limitada a certas áreas ou circunscrições, pode ser *especializada e comum*.

A administração directa estadual **periférica especializada** é aquela que está adstrita ao desempenho de certas missões determinadas correspondentes a certos serviços.

Exemplo: comissões de coordenação e desenvolvimento regional, centros de emprego, repartições de finanças, esquadras da PSP.

A administração directa estadual **periférica comum** corresponde à representação local do Governo e a missões, no âmbito da segurança de pessoas e bens.

Voltemos à administração central do Estado:

A pessoa colectiva Estado está organizada em Ministérios. Ou seja: os órgãos e serviços do Estado-administração, a nível central, estão estruturados em departamentos (organizados por assuntos ou matérias), que se denominam ministérios. Os diferentes ministérios estão organizados em direcções-gerais e departamentos (inspecções-gerais e secretarias gerais). As direcções gerais estão divididas em direcções de serviços, estas em divisões e repartições e estas em secções.

Quanto à organização da administração directa do Estado, vd. Lei n.º 4/2004, de 15 de Janeiro, com alterações posteriores. Consultar *Caderno de Legislação Administrativa*.

O Governo

O principal órgão da administração central do Estado é o Governo. Este, além de órgão político, é um órgão administrativo. Na verdade, o Governo é o principal órgão (administrativo) permanente e directo do Estado.

As principais regras relativas à composição, funcionamento e função do Governo constam de alguns preceitos da CRP – dos artigos 182.º (definição), 183.º (composição), 184.º (Conselho de Ministros), 199.º (competência administrativa do Governo), 200.º (competência do Conselho de Ministros), art. 201.º (competência dos membros do Governo) – e da Lei Orgânica do Governo (Lei Orgânica do XVIII Governo Constitucional = Decreto-Lei n.º 321/2009, de 11 de Dezembro. Vd. *Caderno de Legislação Administrativa*).

Definição:

O Governo é o órgão de condução da política geral do país e o órgão superior da Administração Pública (art. 182.º CRP).

Composição (art. 183.º CRP):

É constituído pelo Primeiro-Ministro, pelos Ministros, pelos Secretários de Estado e pelos subsecretários de Estado, podendo ainda incluir um ou mais Vice-Primeiros-Ministros. A reunião dos Ministros tem o nome de Conselho de Ministros (art. 200.º CRP).

A administração Periférica

É o conjunto de órgãos e serviços de pessoas colectivas públicas – Estado, Institutos Públicos e Associações Públicas – que dispõem de competência limitada a uma área territorial restrita e que funcionam sob a direcção dos correspondentes órgãos centrais.

A administração periférica do Estado é realizada por órgãos e serviços locais do Estado, que actuam no âmbito dos distritos e dos concelhos e em outras divisões do país (CCDR: quanto às Comissões de Coordenação e Desenvolvimento Regional, vd. Decreto-Lei n.º 134/2007, de 27 de Abril. Consultar *Caderno de Legislação Administrativa*).

Os órgãos da administração periférica comum do Estado são os governadores civis (cfr. Decreto-lei 252/92, de 19 de Novembro, com alterações posteriores) **e as assembleias distritais** (Decreto-Lei n.º 5/91 de 8 de Janeiro). Ambos operam no âmbito da circunscrição distrital, resultante da divisão do território nacional em distritos administrativos.

Consultar *Caderno de Legislação Administrativa.*

O governador civil, nos termos daquele diploma (art. 4.º), **tem funções:**
1. De representação do governo (art. 4.º-A);
2. De aproximação entre o cidadão e a administração (art. 4.º-B);
3. De segurança pública (art. 4.º-D) e protecção civil (art. 4.º-E).

O governador civil é o magistrado administrativo que representa o Governo na circunscrição distrital[18].

Outros órgãos locais do Estado:

Comandante distrital da PSP,
directores de finanças e chefes de repartição de finanças,
tesoureiros da Fazenda Pública,
delegados de saúde.

---

[18] Vd., FREITAS DO AMARAL, *Curso...* cit., p. 319.

São órgãos da pessoa colectiva Estado que, na dependência hierárquica do Governo, exercem uma competência limitada a uma certa circunscrição administrativa

O Governo:

Interessa-nos estudar o Governo, enquanto órgão administrativo, deixando de parte a sua função política e legislativa:

Assim, o Governo é, do ponto de vista administrativo, o órgão principal da administração central do Estado, incumbido do poder executivo. O Governo é o órgão de condução da política geral do país e o órgão superior da administração pública, art. 182.º CRP.

Quais são os poderes funcionais que a Constituição e as leis conferem ao Governo, enquanto órgão da Administração?

Em termos de competência administrativa, a CRP, no art. 199.º, atribui ao governo três funções principais:

1. Garantir a execução das leis;
2. Assegurar o funcionamento da Administração Pública;
3. E promover a satisfação das necessidades colectivas.

De facto, o **Governo**, enquanto órgão superior da administração pública, não só dirige a administração directa do Estado, como superintende na administração indirecta e tutela a administração indirecta e a autónoma. É, pois, nesta dupla qualidade, de órgão que dirige e que superintende e tutela, que podemos afirmar que este é o principal órgão da Administração Pública.

Para realizar estas tarefas, como actua o Governo e como exerce a sua competência? (Ver artigos 200.º e 201.º da CRP e disposições constantes da respectiva Lei Orgânica = Lei Orgânica do XVIII Governo Constitucional = Consultar *Caderno de Legislação Administrativa*).

Primo: o Governo pode exercer a sua competência **por forma colegial**, através de Conselho de Ministros (gerais ou especializados) (art. 200.º CRP + Lei Orgânica do Governo).

Secundo: **individualmente**, pelos vários membros do Governo: ou **pelo Primeiro-Ministro** ou por **cada um dos Ministros ou Secretários de Estado** que integram o Governo.

A competência do Conselho de Ministros está prevista no art. 200.º CRP e na respectiva da lei orgânica, pelo que a regra é a do exercício individual da competência governamental.

A Constituição consagra a possibilidade de se formarem Conselhos de Ministros Especializados ou restritos, que apenas integram alguns membros do Governo (para assuntos europeus e para assuntos económicos). De qualquer modo, pode existir delegação de competências do Conselho nos membros do Governo.

As funções do Primeiro-Ministro vêm reguladas no artigo 201.º, n.º 1 da CRP e são *sobretudo* funções de chefia e funções de gestão.
1. As funções de chefia incluem a de dirigir o funcionamento do Governo, a de coordenar e orientar a acção de todos os Ministros.
2. As funções de gestão incluem as de administrar e gerir os serviços próprios da Presidência do Conselho de Ministros.

As funções dos Ministros estão previstas no art. 201.º, n.º 2 CRP e traduzem-se, fundamentalmente, em executar a política definida para os seus ministérios, exercer poderes de superior hierárquico sobre todo o pessoal do seu ministério e exercer poderes de superintendência e tutela sobre os organismos dependentes do seu Ministério.

A organização do Governo obedece ao princípio da igualdade dos Ministros: todos são iguais entre si.

Os Secretários de Estado não são hierarquicamente subordinados aos Ministros, mas estão sujeitos à supremacia política destes e exercem a competência que neles forem delegadas. Por regra, não participam no Conselho de Ministros.

Vd. Lei Orgânica do Governo (*Caderno de Legislação Administrativa*).

Como se estrutura um ministério civil?
Por uma série de serviços e organismos: as direcções-gerais, as repartições, as inspecções.
A lei orgânica de cada ministério define as respectivas atribuições, bem como a estrutura orgânica necessária ao seu funcionamento, distinguindo os serviços e organismos que pertencem à administração directa dos da administração indirecta.
Vamos ver de mais perto: um ministério civil integra normalmente seis tipos de serviços:
1. Gabinetes ministeriais;
2. Serviços de estudo e concepção;
3. Serviços de coordenação, apoio e controle;
4. Serviços executivos;
5. Serviços regionais e locais; e
6. Organismos dependentes.

PERSPECTIVA PRÁTICA

Comente:

«Revelando uma tensão intrínseca no seio da organização do poder político, o artigo 6.º da CRP proclama simultaneamente a unidade do Estado e os princípios da autonomia regional e da descentralização. Ao determinar o estabelecimento, por lei, de formas adequadas de descentralização e desconcentração administrativas, sem prejuízo da unidade da acção da administração, o art. 267.º, n.º 2 CRP mais não faz do que reproduzir este conflito ao nível da organização administrativa. O princípio da unidade da acção administrativa visa, assim, corrigir ou atenuar as desvantagens daqueles, funcionando como 'contra-princípio'».

Proposta de comentário:

O conteúdo da frase para comentar gira em torno de dois princípios normativos constitucionalmente previstos a que deve obedecer a estrutura da organização administrativa portuguesa, previstos no art. 267.º, n.º 2.

O comentário ao texto deve fazer-se segundo a seguinte ordem de pontos a desenvolver:
1. O que significam, o que pressupõem e o que resulta de cada um deles.
2. Como princípios normativos devem ser concretizados pelo legislador ordinário, sendo que a tensão surge no preciso momento da concretização das directrizes constitucionais, já que estes não poderão entender-se como absolutos. Estes não poderão pôr em causa a unidade e a eficácia da acção administrativa.
3. O princípio da unidade da acção administrativa surgirá não como verdadeiro contra-princípio, mas como princípio principal, a par dos demais,

correctivo ou instrumento equilibrante no momento de concretização legal daqueles dois princípios. A concretização obriga-nos a recorrer a um outro princípio: o da eficiência.

4. Instrumentos jurídicos típicos ao serviço da unidade da acção administrativa.

1. Em que se traduzem os princípios da descentralização e desconcentração administrativas

O princípio da descentralização determina que os interesses públicos que a actividade administrativa pública visa satisfazer num determinado país não estejam somente a cargo da pessoa colectiva pública Estado, mas também de outras pessoas colectivas públicas.

Para que haja verdadeira descentralização administrativa é necessário que estejam preenchidos alguns pressupostos: a) que estas pessoas colectivas públicas distintas da pessoa colectiva pública Estado tenham a sua existência assegurada na Constituição; b) é indispensável que tais ps. cs. ps. disponham de órgãos eleitos; c) é necessário também que as suas atribuições estejam consagradas em lei; d) e, finalmente, é indispensável que o Estado não intervenha na sua actuação, a não ser para realizar uma tutela de legalidade.

Ora, em Portugal, sob o ponto de vista jurídico, e configurando outras regras constitucionais verifica-se que as autarquias locais concretizam, nos termos do art. 237.º, n.º 1, uma verdadeira descentralização administrativa, uma vez que a Constituição: a) garante a sua existência e as suas atribuições, ver artigos 235.º a 237.º; b) dispõe que estas dispõem de órgãos eleitos (art. 239.º, n°s 1 e 2 CRP); c) e determina que o Estado apenas pode exercer sobre os órgãos autárquicos tutela administrativa de legalidade (art. 242.º, n.º 1 da CRP).

Contudo, o sistema administrativo português concretiza, a par com a descentralização territorial, uma descentralização não territorial. *A descentralização não territorial é a que resulta da devolução de poderes:* O Estado, ou outra pessoa colectiva de população e território, pode criar institutos públicos ou empresas públicas, entidades de fins singulares ou entidades instrumentais, que têm como objectivo prosseguir as atribuições destas pessoas públicas. A descentralização de base não territorial não é, contudo, imposta e assegurada pela Constituição, como acontece para a outra forma de descentralização. O Estado deve orientar-se nesse sentido, mas não é obrigatório que o faça.

A descentralização tem vantagens e alguns inconvenientes: de entre as primeiras, contam-se a da maior eficiência e celeridade, a maior democraticidade, a especialização administrativa, a facilitação de participação dos interessados e a limitação dos poderes públicos. De entre os segundos o maior inconveniente traduz-se na desagregação da unidade do Estado, proliferação de centros de decisão, de patrimónios autónomos, alargamentos dos servidores públicos (alguns sem qualificação técnica adequada), dificuldades de controlo e riscos de ineficiência, ou seja: atropelos à legalidade, à boa administração e aos direitos dos particulares. Daí que seja necessário estabelecer limites à descentralização, designadamente pela limitação de transferência de poderes e pelo controlo do exercício de poderes.

O princípio da desconcentração administrativa recomenda que, em cada pessoa colectiva pública, as competências necessárias à prossecução das respectivas atribuições não sejam todas confiadas aos órgãos de topo de hierarquia, mas sejam distribuídas pelos diversos níveis de subordinados, directamente através da lei, falando-se neste caso de desconcentração originária, ou, também, através da delegação de competências. Neste caso, falamos de desconcentração derivada.

A CRP dispõe que a estrutura da Administração pública deve realizar a desconcentração, mas não estabelece qual a dose ou medida certa de desconcentração que o legislador deve concretizar, pelo que este princípio previsto na CRP, no art. 267.º, n.º 2, é um princípio orientador, cuja concretização fica a cargo do legislador ordinário.

Este princípio tem também méritos e inconvenientes, o melhor do primeiro tipo traduz-se no aumento de eficiência, celeridade e qualidade na satisfação das necessidades colectivas, o pior do segundo tipo reside nos riscos de multiplicação de centros decisórios, por vezes sem adequada preparação ou com indesejáveis sobreposições, reais ou aparentes, de competência.

2. Como princípios normativos devem ser concretizados pelo legislador ordinário, sendo que a tensão surge no preciso momento da concretização das directrizes constitucionais, já que estes não poderão entender-se como absolutos. Estes não poderão pôr em causa a unidade e a eficácia da acção administrativa.

De facto, o art. 267.º, n.º 2 CRP, ao dispor que a lei deve estabelecer formas adequadas de descentralização e de desconcentração administrativas, reproduz um certo conflito a nível da organização administrativa. Pelo que caberá ao legislador ordinário concretizar estes princípios, que não são, como se compreende, absolutos. Com efeito, eles são princípios sujeitos a alguns limites: o princípio da unidade da acção administrativa visa, portanto, evitar que a descentralização e a desconcentração administrativas levem à perda da unidade do Estado por via da pulverização de centros de decisão potencialmente desconcentrados dentro da administração.

Ao mesmo tempo, o princípio da unidade da acção administrativa permite atingir uma maior igualdade da actuação administrativa e dar sentido à responsabilidade política do Governo, enquanto órgão superior da administração pública (art. 182.º).

3. O princípio da unidade da acção administrativa surgirá não como verdadeiro contra-princípio, mas como princípio principal, a par dos demais, correctivo ou instrumento equilibrante no momento de concretização legal daqueles dois princípios.

A orientação consagrada na CRP, no art. 267.º, n.º 2., indica que cabe ao legislador ordinário repartir as atribuições entre as diversas pessoas colectivas públicas e distribuir as competências pelos diversos entes e órgãos administrativos, com respeito pelos princípios de descentralização e desconcentração e dentro dos limites da unidade de acção administrativa.

O princípio da unidade da acção administrativa visa, assim, corrigir ou atenuar as desvantagens dos princípios da descentralização e da desconcentração. Não é um «contra-princípio» em face dos dois anteriormente referidos. Contudo, por virtude da sua própria natureza principal, pode eventualmente com eles colidir.

Como concretizar equilibradamente os três? Através do princípio da eficiência.

Através do **princípio da eficiência** – que impõe que em cada momento, sejam concretizáveis as soluções mais eficientes e rentáveis ou adequadas sob o ponto de vista da efectiva realização do interesse público a cargo da Administração Pública (ver: VIEIRA DE ANDRADE) poderá chegar-se a um equilíbrio de princípios, sem anular nenhum deles.

Assim, os princípios da descentralização e desconcentração devem ser consagrados dentro dos limites da unidade da acção administrativa, segundo o princípio da eficiência.

4. Instrumentos ao serviço da unidade da acção administrativa

Constituem, pois, importantes instrumentos do princípio da unidade da administração, **os poderes de direcção, tutela e superintendência a exercer pelo Governo** (arts. 199.º, d), e 267.º, n.º 2 CRP).

1.1. Ou seja, por outras palavras: a unidade de acção administrativa há-de, pois, ser assegurada pelo *Governo* que é, nos termos da Constituição, «o órgão superior da administração pública (art. 182.º), ao qual compete, entre outras tarefas, *dirigir* os serviços e a actividade da administração directa do Estado, *superintender* a administração indirecta e exercer a *tutela* sobre esta e a administração autónoma (art. 199.º, d) CRP = competência administrativa do governo).

2. Mas há outros instrumentos de realização da unidade da acção administrativa:

2.1. Os poderes de fiscalização administrativa das entidades privadas que exerçam poderes públicos (art. 267.º, n.º 6 CRP);

2.2. Assim como os poderes de fiscalização, supervisão e disciplinar que a lei confere ao superior hierárquico sobre os subalternos (artigos 142.º, n.º 1 e 174.º CPA, bem como artigos 16.º a 21.º do *Estatuto disciplinar da função pública* = EDFAAP)

2.3. Bem como ainda os poderes que o regime jurídico da delegação de poderes confere ao delegante (artigos. 35.º a 40.º CPA).

AULA N.º 10

SUMÁRIO:
1. A organização administrativa portuguesa.
   1.2. A administração estadual indirecta
      1.2.1. De estatuto público
         1.2.1.1. De natureza institucional
            1.2.1.1.1. Os Institutos Públicos
               1.2.1.1.1.1. Regime jurídico geral: Lei quadro dos Institutos Públicos
         1.2.1.2. De natureza empresarial
            1.2.1.2.1. As Entidades Públicas Empresariais
               1.2.1.2.1.1. Regime jurídico geral: Decreto-Lei n.º 558/99, de 17 de Dezembro (com a alterações posteriores)
      1.2.2. De estatuto privado
         1.2.2.1. De natureza associativa e fundacional
         1.2.2.2. De natureza empresarial
            1.2.2.2.1. O sector empresarial do Estado

BIBLIOGRAFIA DE BASE

DIOGO FREITAS DO AMARAL, *Curso...* cit., pp. 347 ss.; esp. pp. 361 a 380 e pp. 383 a 415.
JOÃO CAUPERS, *Introdução...* cit., pp. 91 ss.
JOSÉ EDUARDO F. DIAS/FERNANDA PAULA OLIVEIRA, *Noções...* cit., pp. 50 ss.
MARCELO REBELO DE SOUSA, *Lições...* cit., pp. 283 ss.

LEGISLAÇÃO

Caderno de Legislação Administrativa.

A ADMINISTRAÇÃO ESTADUAL INDIRECTA

Aprendemos que o Estado é uma pessoa colectiva pública de fins múltiplos; uma pessoa colectiva que tem a seu cargo uma multiplicidade de atribuições.

Aprendemos também que uma grande parte destas atribuições são prosseguidas de forma directa e imediata, sendo concretizadas através de órgãos e serviços, centrais e locais, que integram a pessoa colectiva Estado e que se encontram sob direcção e na dependência hierárquica do Governo.

Hoje, vamos aprender uma outra forma de administração estadual: um tipo de administração que tem como objectivo a prossecução das atribuições que a lei põe a cargo do Estado – e, por isso, falamos ainda de administração estadual –, que é realizada por pessoas colectivas dotadas de personalidade própria, distinta do Estado, e de autonomia administrativa e financeira. É, por isso, que chamamos a este tipo de administração estadual indirecta, já que é realizada por pessoas distintas da pessoa Estado, pessoas colectivas com personalidade jurídica própria.

A administração estadual indirecta é, então, estadual e indirecta:

1. **É estadual:** porque tem como objectivo prosseguir as atribuições do Estado. É o Estado que através da devolução de poderes, transfere uma parte dos seus poderes para estas entidades que realizam os seus fins. São entidades de fins singulares e instrumentais do Estado.

2. **É indirecta:** porque é realizada por pessoas distintas do Estado, que, após terem sido criadas pelo Estado para a prossecução das suas atribuições, desempenham essa tarefa em seu nome próprio, com autonomia administrativa e financeira, ficando sujeitas à orientação e ao controle daquele.

Conceito, sob o ponto de vista material, de administração indirecta do Estado

É uma actividade administrativa do Estado, que visa assegurar a prossecução das atribuições do Estado e que é realizada por **entidades** dotadas de personalidade jurídica própria e de autonomia administrativa e financeira.

De um ponto de subjectivo ou orgânico, a administração indirecta do Estado define-se como o conjunto de entidades públicas que desenvolvem, com personalidade jurídica própria e autonomia administrativa e financeira, uma actividade administrativa destinada à realização de fins do Estado.

No estudo da administração estadual indirecta, vamos seguir a perspectiva objectiva ou material, enquanto actividade administrativa:

Neste sentido, no âmbito da administração indirecta ou instrumental do Estado deveremos distinguir dois grandes grupos de pessoas colectivas:

1. As que têm personalidade jurídica pública
2. As que têm personalidade jurídica privada

Vamos estudar, em primeiro lugar, as pessoas colectivas que prosseguem as atribuições do Estado e que têm estatuto público.

Neste grupo encontramos duas categorias:

1. **Os Institutos Públicos** = que devem ser designados por «Instituto, I. P.» ou «Fundação, I. P.», art. 51.º da lei-quadro dos Institutos.
2. **As Entidades Públicas Empresariais** = E.P.E.

Estas últimas, as E.P.E's., têm todas as características de empresas, possuindo, pois, uma estrutura organizativa empresarial (ver art. 23.º e 24.º, n.º 1 do Decreto-Lei n.º 558/99, 17 de Dezembro, com a alterações posteriores. Consultar *Caderno de Legislação Administrativa*.

E, por isso, dos seus traços distintivos destacamos três aspectos:

1. Procuram o lucro ou visam assegurar a sua sobrevivência através das receitas que obtêm mediante a venda de bens que produzem ou através dos serviços que prestam;
2. Possuem um órgão próprio de fiscalização;
3. A sua contabilidade segue as regras de contabilidade industrial (e não o da contabilidade pública).

Vamos voltar a este tema quando falarmos no sector empresarial do Estado, previsto e definido no Decreto-Lei n.º 558/99, de 17 de Dezembro, com alterações posteriores.

Na senda de JOÃO CAUPERS, podemos ainda falar na existência de uma figura intermédia (que também integra a administração estadual indirecta), que não tem a natureza de verdadeiro Instituto Público, nem é entidade empresarial: é uma figura híbrida, que podemos designar por *instituto para-empresarial* ou *quase empresa-pública*. São exemplo deste tipo de entidades: O Instituto Nacional de Estatística, o Instituto do Emprego e Formação Profissional, o Instituto de Estradas de Portugal[19].

---

[19] Vd. JOÃO CAUPERS, *Introdução...* cit., p. 92, nota, 32.

Os Institutos Públicos: noção e traços caracterizadores:

Noção:

O Instituto Público é uma pessoa colectiva, de tipo institucional, criada para assegurar o desempenho de determinadas funções administrativas de carácter não empresarial, pertencentes ao Estado (ou a outra pessoa colectiva pública).

O Instituto Público distingue-se, pois, das associações públicas pelo carácter institucional. Os institutos existem para prosseguir tarefas determinadas, sendo por isso pessoas colectivas de fins singulares.

Aspectos caracterizadores: O regime previsto na lei-quadro

Os Institutos Públicos constituem um conjunto heterogéneo de pessoas colectivas de fins singulares, que apresentam entre si caracteres comuns e, não obstante a existência de regimes jurídicos específicos (designadamente, estatutos e regulamentos internos), estão sujeitas às regras e princípios previstos na lei-quadro dos Institutos Públicos: a Lei n.º 3 /2004, de 15 de Janeiro, com alterações posteriores (consultar o *Caderno de Legislação Administrativa*).

Vejamos quais são essas características:

1. São dotados de personalidade jurídica pública própria e são, portanto, pessoas colectivas públicas distintas do Estado (art. 4.º);

2. São dotados de órgãos próprios e património próprio. Neste sentido, têm autonomia administrativa e financeira, que pode, contudo, ser maior ou menor. A autonomia administrativa tem de existir sempre (art. 4.º, n.º 2 e n.º 3 e art. 35.º ss.).

3. São criados pelo Estado, que lhes fixa os objectivos a atingir e que interfere na respectiva actuação. São, pois, criados, modificados e extintos por acto legislativo (artigos 9.º, 10.º, 16.º). O acto de criação do Instituto, que é a lei orgânica do Instituto, deve mencionar, entre outros aspectos, a sua designação, os seus fins ou atribuições, ministro da tutela, jurisdição territorial, meios patrimoniais e financeiros (art. 9,º, n.º 2).

4. São dotados de órgãos próprios. São órgãos necessários: um conselho directivo e um fiscal único. O primeiro, nomeado pelo Governo (Primeiro-Ministro e Ministro da tutela), define a actuação do Instituto e dirige a actuação dos serviços. O segundo, também nomeado pelo Governo (Ministro da Finanças e Ministro da tutela), é o órgão de fiscalização, que é responsável pelo controlo da legalidade, da regularidade e da boa gestão financeira e patrimo-

nial do Instituto. Impõe-se consultar os artigos 17.º a 29.º. Pode também existir um conselho consultivo.

5. São dotados de serviços, que podem ser centrais e locais, e pessoal, que até pode estar sujeito ao regime da função pública (artigos 33.º ss.).

6. Na sua actuação e funcionamento regem-se por regras de direito administrativo, como qualquer outra pessoa colectiva pública, designadamente pelo CPA, pelo regime da função pública, regime de empreitadas públicas, regime de realização de despesas públicas e de contratação públicas, regime de responsabilidade pública, sujeição à jurisdição dos tribunais administrativos e do tribunal de contas.

7. Praticam actos administrativos, celebram contratos e expropriam... de acordo com o princípio da especialidade: praticam os actos necessários à prossecução do seu objecto (art. 14.º).

8. Os Institutos Públicos estão adstritos a um departamento ministerial, designado como ministério da tutela (art. 7.º e art. 41.º). A respectiva lei orgânica deve mencionar qual é o ministro da tutela. A lei-quadro prevê, designadamente, a possibilidade de ser exercida a tutela integrativa, a tutela disciplinar e a tutela substitutiva. E estão também sujeitos à superintendência ministerial (art. 42.º), que dirige orientações e directivas aos órgãos dirigentes dos Institutos Públicos.

9. Certos Institutos Públicos regem-se por regime especial: designadamente, as Universidades e Escolas do Ensino Superior Politécnico, o Banco de Portugal, os Estabelecimentos do Serviço Nacional de Saúde (art. 48.º).

Espécies de Institutos Públicos[20]

Seguindo FREITAS DO AMARAL, vamos enumerar várias espécies de Institutos Públicos, tendo por base o critério do seu regime jurídico e o critério da maior ou menor proximidade que estes podem ter com a entidade criadora[21].

---

[20] A este propósito, importa dar conta de que a doutrina, como não adopta uma posição uniforme quanto à classificação das entidades e, em última instância, em relação à organização administrativa, varia quanto ao elenco das entidades que fazem parte da Administração Indirecta do Estado. Assim, há autores que integram na Administração Indirecta do Estado as autoridades administrativas reguladoras, que se caracterizam por serem administrações indirectas com um *plus* de autonomia. Por exemplo: Autoridade da Concorrência e a ERSE (Entidade Reguladora dos Serviços Energéticos), a CMVM (Comissão de Mercado de Valores Mobiliários), incluindo também certos Institutos Públicos com funções reguladoras, como sejam o INTF. I.P. (o O Instituto Nacional do Transporte Ferroviário) e a ERSAR, I.P. (Entidade reguladora dos Serviços de Águas e Resíduos). Estas entidades estão sujeitas ao respectivo regime jurídico decorrente do diploma que as criou.

[21] FREITAS DO AMARAL, *Curso...* cit., pp. 366 ss.

Podemos, pois, identificar três tipos de Institutos Públicos:
1. Serviços Personalizados
2. Fundações Públicas
3. Estabelecimentos Públicos

1. **Os Serviços Personalizados** são os institutos públicos que estão mais próximos do Governo. Correspondem a serviços públicos (como as direcções-gerais) a que a lei atribuiu personalidade jurídica e autonomia administrativa e financeira. Por uma questão de maior flexibilidade e eficácia, estes serviços públicos ganharam, em suma, uma verdadeira autonomia administrativa que é também de personalidade. Exemplo: IGESPAR, Instituto de Gestão do Património Arquitectónico e Arqueológico; ICNB, Instituto da Conservação da Natureza e Biodiversidade. Há uma sub-espécie de «organismo de coordenação económica», que são serviços personalizados do Estado que coordenam o exercício de certas actividades económicas. Ex. Instituto da Vinha e do Vinho.

2. **As Fundações Públicas** são fundações com natureza pública. São, com efeito, patrimónios afectos à prossecução de certos fins (fins públicos especiais). Exemplo: serviços sociais dos diversos ministérios; Fundação para a Ciência e Tecnologia.

3. **Os Estabelecimentos Públicos** são Institutos Públicos de carácter cultural ou social, organizados como serviços abertos ao público e destinados a efectuar prestações individuais à generalidade dos cidadãos que delas careçam. Exemplo: Universidades públicas[22], museus, bibliotecas (quando dotados de personalidade jurídica pública distinta do Estado). As Universidades e as Escolas de Ensino Superior Politécnico são qualificados como Institutos Públicos pela Lei-quadro dos Institutos Públicos (Lei n.º 3/2004, de 15 de Janeiro: ver art. 48.º, n.º 1, a) do mesmo diploma, que se regem por diploma especial: o RJIES, uma vez que as Universidades possuem autonomia administrativa, financeira e autonomia estatutária, científica e pedagógica.

No que respeita às Universidades Públicas, O RJIES vem permitir as Universidades que adoptem o estatuto de Fundações Públicas de Direito Privado, como já aconteceu com as U. Porto, U. Aveiro e o ISCTE, estando actualmente em discussão a pssagem da Universidade do Minho ao mesmo estatuto.

---

[22] No contexto do anterior regime, não existia unanimidade na doutrina quanto à natureza das Universidades Públicas. Vai no mesmo sentido da opinião manifestada no texto DIOGO FREITAS DO AMARAL, Curso... cit., pp. 371. Já outros autores não integravam as Universidades na administração indirecta do Estado, existindo, contudo alguma diversidade quanto à natureza específica destas entidades, já que a maioria da doutrina não lhes reconhecia o substrato associativo, ainda que admitisse que integrassem a Administração Autónoma. Sobre este tema, vd. JOÃO CAUPERS, Introdução... cit., pp. 141 e 142.

Quanto ao tipo de actividades que lhe são atribuídas, podemos enumerar quatro espécies principais de Institutos Públicos, sendo certo que alguns podem integrar mais que uma categoria, já que é possível conceber que desenvolvam mais do que um tipo de actividade:

1. Institutos Públicos de prestação;
2. Institutos Públicos reguladores;
3. Institutos Públicos fiscalizadores;
4. Institutos Públicos de infra-estruturas.

1. **Os institutos de prestação** são vocacionados para a prestação de serviços à colectividade.
   a) Exemplo:
      i) Hospitais Públicos (que não constituem empresas);
      ii) Diversas instituições de segurança social;
      iii) As universidades e escolas de ensino superior politécnico, como se apontou, ver art. 48.º (da lei-quadro dos Institutos).

2. **Os Institutos reguladores** desenvolvem uma actividade que tem como objectivo criar e assegurar as condições adequadas ao desenvolvimento de certa actividade privada, designadamente, criando o enquadramento jurídico em que se insere essa actividade, frequentemente de natureza económica.
   a) Exemplos:
      i) Comissão do Mercado de Valores Mobiliários;
      ii) O Instituto de Seguros de Portugal;
      iii) Instituto dos Mercados de Obras Públicas e Particulares e do Imobiliário (IMOPPI).

3. **Institutos fiscalizadores** são aqueles que têm a seu cargo tarefas de controlo, inspecção ou avaliação de riscos de determinada actividade privada.
   a) Exemplos:
      i) Agência para a Qualidade e Segurança Alimentar;
      ii) Autoridade da Concorrência.

4. **Os Institutos de infra-estruturas** ocupam-se da construção e manutenção de infra-estruturas ou do respectivo financiamento.
   a) Exemplos:
      i) Instituto de Estradas de Portugal;
      ii) Instituto de Gestão Financeira e Patrimonial da Justiça;
      iii) Instituto Marítimo-Portuário.

AULA N.º 10

1.2. A administração indirecta do Estado
    1.2.1. De estatuto público (já estudámos)
    1.2.2. De estatuto privado
        1.2.2.1. De natureza associativa e fundacional
        1.2.2.2. De natureza empresarial

Há também pessoas colectivas de estatuto privado que fazem parte da administração indirecta do Estado (tal como podem fazer parte da administração indirecta de outra pessoa colectiva de fins múltiplos, designadamente, de uma autarquia local. Aliás, nos termos do art. 53.º, n.º 2, l) da Lei n.º 169/99, de 18 de Setembro, os municípios podem claramente instituir fundações).

Este sector da administração estadual indirecta é constituído pelas fundações e associações criadas pelo Estado para prosseguirem as atribuições deste. O Estado pode também associar-se a outras entidades para instituir fundações.

Exemplo de fundação: a Fundação Centro Cultural de Belém, criada pelo Estado com o objectivo de assegurar a gestão do Centro Cultural de Belém, cujos estatutos constam do Decreto-Lei n.º 361/1991, de 31 de Outubro (com alterações posteriores).

Exemplo de associação: a Agência para a Energia, criada pelo Decreto-Lei n.º 223/2000, de 9 de Setembro, que tem como associadas entidades estaduais (a Direcção-Geral de Energia, a Direcção-Geral da Indústria e o Instituto Nacional de Engenharia e Tecnologia Industrial).

As Empresas Públicas:

Para além das pessoas colectivas de estatuto privado, que já apontámos, integram também a administração indirecta do Estado as **Empresas Públicas,** que nos termos do diploma de 1999, são sociedades constituídas nos termos da lei comercial, criadas pelo Estado (ou outras entidades públicas estaduais), nas quais este exerce uma influência dominante.

Note-se que, nos termos do Decreto-lei n.º 558/99, de 17 de Dezembro, o conceito de «empresa pública» configurado na anterior lei de 1976 (Decreto-Lei n.º 260/76, de 8 de Abril) e que hoje corresponde apenas às entidades públicas empresariais (=E. P. E.) foi ampliado, aproximando-se do conceito configurado na ordem jurídica comunitária, passando a designar duas espécies de unidades empresariais:

1. **As entidades públicas empresariais** (= E.P.E.), de que já falámos aqui. Estas correspondem às antigas empresas públicas, em sentido jurídico-administrativo, que eram previstas no art. 1.º do Decreto-lei n.º 260/76 de 8 de Abril. São as que possuem personalidade jurídica pública e são criadas por

decreto-lei, nos termos dos artigos 23.º e 24.º, n.º 1 do Decreto-lei n.º 558/99. Estas têm um capital estatutário detido pelo Estado e estão sujeitas à tutela do Governo (Ministro da Finanças), conforme o disposto no art. 29.º). Pelo que acabámos de dizer, para alguma doutrina, só as E.P.E.'s fazem parte da organização administrativa.

2. **Outras Empresas Públicas**, que estão desprovidas de personalidade jurídica pública e são criadas como sociedades constituídas nos termos da lei comercial, nas quais o Estado (ou outra entidade pública do Estado) possa exercer, isolada ou conjuntamente, directa ou indirectamente, uma influência dominante por deter o capital (ou a maioria do capital) ou por deter os direitos de voto ou o direito de designar e destituir a maioria dos membros dos órgãos de administração ou de fiscalização.

Reforçando o que acabámos de dizer: Estas podem ser empresas de capital exclusivamente estatal, ou público, ou empresas de capital misto, sendo que a maioria do capital é do Estado (ou de outra entidade pública), podendo, por isso, exercer uma influência dominante. E também exercerá uma influência dominante se o Estado ou outra entidade pública detiver os direitos de voto ou o direito de designar ou destituir a maioria dos membros dos órgãos da administração ou de fiscalização (art. 3.º, n.º 1 do Decreto-lei n.º 558/99, de 17 de Dezembro).

3. **As primeiras, mais as segundas, juntamente com as empresas participadas** (em que o capital estatal, ou público, é minoritário e este não tem influência dominante) formam o sector empresarial do Estado, art. 1.º, n.º 2 + art. 2.º, n.º 1 do Decreto-lei n.º 558/99.

Regime jurídico geral das Empresas Públicas:
Todas as empresas públicas se regem, em princípio, pelas normas jurídicas aplicáveis às empresas privadas (ou seja pelo direito privado), pelo Decreto-lei n.º 558/99 e pelos respectivos estatutos, conforme dispõe o art. 7.º e artigos 23.º ss. do Decreto-lei n.º 558/99 (princípio da gestão privada).

Poderes de autoridade:
As empresas públicas e, designadamente, as entidades públicas empresariais, que passam a designar-se por E.P.E.'s, podem exercer poderes de autoridade de que goza o Estado, regendo-se, nessa medida, por regras de direito público (artigos 14.º e 34.º, n.º 2 do Decreto-lei n.º 558/99), quanto a:
  i) Praticar actos;
  ii) Realizar expropriações por utilidade pública;

iii) Utilização, protecção e gestão de infra-estruturas afectas aos serviço públicos;

iv) Licenciamento e concessão, nos termos da legislação aplicável à utilização do domínio público, da ocupação ou do exercício de qualquer actividade nos terrenos, edificações e outras estruturas que lhes estejam afectas (art. 14.º), estando as E.P.E. sujeitas à tutela do Ministro das Finanças (art. 29.º).

Empresas Públicas encarregadas da gestão de serviços de interesse económico geral: são empresas cuja actividade tem por fim assegurar a universalidade e continuidade dos serviços prestados, a coesão económica e social e a protecção dos consumidores, sem prejuízo da eficácia económica e do respeito pelos princípios de não discriminação e transparência (art. 19.º, n.º 1).

Estas empresas devem prosseguir as suas missões no sentido de:

a) Prestar os serviços de interesse económico geral, no conjunto do território nacional;

b) Promover o acesso da generalidade dos cidadãos, em condições financeiras equilibradas, a bens e serviços essenciais;

c) Assegurar o cumprimento de exigências de prestação de serviços de carácter universal, relativamente a actividades económicas cujo acesso se encontre legalmente vedado a empresas privadas;

d) Garantir o fornecimento de serviços cuja rentabilidade não se encontre assegurada;

e) Etc. (art. 20.º).

Para o efeito, estas empresas celebrarão contratos com o Estado e o regime de indemnizações compensatórias constarão de Decreto-Lei especial. A gestão de serviços que a elas cabe deve, em regra, constar de contrato de concessão (art. 19.º, n.º 2).

Para além do sector empresarial do Estado, que já conhecemos, cumpre referir que existe o sector empresarial regional (das regiões autónomas, regulado por legislação especial) e o sector empresarial municipal (dos municípios e das associações de municípios) regulado também por legislação especial.

Em síntese, podemos concluir que, juntamente com as associações e fundações privadas criadas pelo Estado (mas também criadas pelo Estado em associação com outras entidades públicas, designadamente as locais, se têm vindo a multiplicar nos últimos quinze anos a constituição de empresas segundo a lei comercial, mormente de sociedades comerciais. Quanto aos capitais envolvidos, as empresas públicas podem ter capitais exclusivamente do Estado, (Exemplo: CGD), ou de outra entidade pública, outras são de capitais mistos, podendo estes ser maioritariamente públicos. E olhando em particular para o sector empresarial do Estado português, verificamos que ao lado das E.P.E. (entidades públicas empresariais, de estatuto público) existem as empresas públicas, constituídas sob a forma de sociedade comercial: as sociedades de capitais públicos (sociedades de capital exclusivamente do Estado ou de outra entidade pública); as sociedades de economia mista (sociedades regidas pelo direito comercial e nas quais se agrupam capitais públicos e privados. Algumas são controladas pelo Estado (ou outra entidade do Estado), uma vez que o Estado exerce nelas uma influência dominante, outras são simplesmente participadas. Contudo, estas últimas, e apenas estas, não são consideradas Administração Pública em sentido orgânico por JOÃO CAUPERS, MARIA JOÃO ESTORNINHO E MARCELO REBELO DE SOUSA[23].

---

[23] Recomenda-se a leitura de MARIA JOÃO ESTORNINHO, *A fuga para o direito privado*, Almedina, Coimbra, 1996.

AULA N.º 11

SUMÁRIO:

1. A Administração autónoma

    1.1. Conceito e espécies
    1.2. As associações públicas

        1.2.1. Conceito e espécies
        1.2.2. As Associações Públicas de entidades privadas
        1.2.3. As Associações Públicas de entidades públicas:
        1.2.4. Regime jurídico

    1.3. As regiões autónomas e as autarquias locais

        1.3.1. O conceito de administração local autárquica, descentralização, auto-administração e poder local
        1.3.2. O princípio da autonomia local
        1.3.3. Regime jurídico das autarquias locais

            1.3.3.1. A Freguesia
            1.3.3.2. O Município
            1.3.3.3. O sector empresarial local

        1.3.4. A intervenção do Governo nas Autarquias Locais

BIBLIOGRAFIA DE BASE

DIOGO FREITAS DO AMARAL, *Curso...* cit., pp. 419 ss.; esp. pp. 423 a 472; pp. 479 ss.
JOÃO CAUPERS, *Introdução...* cit., pp. 99 ss.
JOSÉ EDUARDO F. DIAS/FERNANDA PAULA OLIVEIRA, Noções... cit., pp. 72 ss.
MARCELO REBELO DE SOUSA, *Lições de Direito Administrativo*, Vol. I, *Lex Edições*, Lisboa, 1999, pp. 307 ss.

BIBLIOGRAFIA COMPLEMENTAR

ANDRÉ FOLQUE, «Indisciplina normativa na tutela das autarquias locais», DRL, 05, 009, pp. 37 ss.
ANTÓNIO CÂNDIDO DE OLIVEIRA, *Direito das Autarquias Locais*, Coimbra, 1993, pp. 223 a 336.
JOSÉ DE MELO ALEXANDRINO, «A problemática do controlo da administração local», DRL, 08, 2009, pp. 22 ss.
PEDRO GONÇALVES, *As empresas municipais*, Coimbra, 2007.
VITAL MOREIRA, *Administração Autónoma e Associações Públicas*, Coimbra, 1997, pp. 94 a 126, pp. 303 a 305 e pp. 393 a 395.
VITAL MOREIRA, «Associações intermunicipais e áreas metropolitana», DRL, 00, 2007, pp. 3 ss.

LEGISLAÇÃO

Caderno de Legislação Administrativa.

A ADMINISTRAÇÃO AUTÓNOMA

Introdução

Até ao momento, já aprendemos que a descentralização administrativa, que decorre do art. 267.º da CRP, exige que o exercício da função administrativa esteja a cargo de diversas pessoas colectivas públicas, além do Estado-administração.

Aprendemos também que, de acordo com este princípio a existência de certas categorias de pessoas colectivas, integradas na administração autónoma, é mesmo constitucionalmente garantida: é o caso das regiões autónomas (artigos 225.º e 288.º alínea o) CRP), das autarquias locais (artigos 235.º, 288.º alínea n) CRP) e das associações públicas (art. 267.º, n.º 1 e n.º 4 CRP).

E, finalmente, já aqui falámos que o princípio da descentralização não pode ser entendido num sentido meramente formal: não basta que, além do Estado, outras pessoas colectivas exerçam a função administrativa. Antes pelo contrário, é necessário que essas pessoas colectivas e os seus órgãos sejam investidos pela lei respectivamente de atribuições e competências, que lhes permitam, na realidade, a aproximação da administração relativamente às populações, e que lhes sejam afectados os recursos humanos e financeiros necessários suficientes para que possam prosseguir aquelas atribuições e exercer aquelas competências.

Na sequência das aulas anteriores dedicadas ao estudo da organização administrativa portuguesa, e depois de termos estudado os sectores da administração estadual, cumpre hoje tratar de um sector administrativo distinto do Estado-administração.

O objectivo desta aula é, pois, descobrir se a organização administrativa portuguesa integra ou não entidades que exerçam, num quadro de descentralização e autonomia, a função administrativa. Cumpre saber que atribuições lhe são entregues, por lei, como exercem essa função administrativa e através de que regime jurídico.

A administração autónoma:

A organização administrativa portuguesa integra, de facto, um sector de administração autónoma.

Aproximação ao conceito:

A administração autónoma é constituída por pessoas colectivas distintas do Estado, que não são criadas pelo Estado, como acontece com a administração indirecta.

A administração autónoma é constituída por entidades que não prosseguem as atribuições do Estado. Pelo contrário, a administração autónoma prossegue interesses públicos próprios das pessoas que a constituem. Não prossegue, portanto, fins alheios como acontece com a administração indirecta do Estado.

A administração autónoma é constituída por pessoas que, por isso mesmo, se dirigem a si mesmas, com independência em relação ao Governo. A administração autónoma caracteriza-se pela auto-administração: são os seus órgãos que definem com independência a sua orientação, estando isentas das ordens e orientações do Governo. Por conseguinte, o Governo não pode dirigir-lhe ordens, nem orientações. Como vamos ver, apenas tem em relação a elas um poder de intervenção com a finalidade de controlar a respectiva actividade do ponto de vista da conformação com a legalidade, que é o poder de tutela (neste caso de tutela de legalidade).

No direito português há várias entidades públicas que exercem uma administração autónoma. A administração autónoma integra, pois, duas espécies de entidades públicas:

1. **As Associações Públicas**, que têm origem associativa e estão fundadas em relações de proximidade, designadamente, de solidariedade profissional

2. **As Regiões Autónomas** e as **Autarquias Locais**. Estas últimas constituem a administração autónoma de base territorial.

Enquanto as primeiras são de tipo associativo as segundas são chamadas pessoas colectivas de população e território.

AS REGIÕES AUTÓNOMAS E AUTARQUIAS LOCAIS

A diferença entre as Regiões Autónomas e as Autarquias Locais assenta no grau de descentralização:

1. Enquanto as Regiões Autónomas possuem, para além de uma Administração Pública própria, um órgão legislativo de natureza parlamentar e um Governo, as Autarquias apenas dispõem de Administração Pública própria.

2. Enquanto as Regiões Autónomas são fruto de descentralização política as Autarquias são consequência de descentralização administrativa.

As Regiões Autónomas dos Açores e da Madeira representam, pois, uma descentralização mais forte do que aquela que concretiza as Autarquias locais (art. 6.º, n.º 1 e n.º 2 CRP), exercendo funções políticas e legislativas, para além das administrativas.

Cada uma das regiões insulares possui um «Estatuto Político-Administrativo», aprovado por lei da Assembleia da República e que concretiza as disposições constitucionais relativas à autonomia regional insular, e é dotada de órgãos de governo próprio (art. 6.º, n.º 2 CRP e art. 225.º ss. CRP).

O órgão de maior relevo, do ponto de vista administrativo, das Regiões Autónomas é o *«Governo Regional»*, constituído pelo Presidente e pelos Secretários Regionais, existindo também uma *Assembleia Regional*, composta por deputados eleitos mediante sufrágio universal, directo e secreto, com funções predominantemente legislativas (e regulamentares) e também de fiscalização da acção governativa.

Esta diferença justifica que as Regiões Autónomas se devam estudar numa disciplina de direito constitucional, sendo que o lugar certo para estudar as Autarquias Locais é no curso de Direito da Organização Administrativa, que é o que vamos fazer aqui.

As Associações Públicas:

As Associações Públicas são pessoas colectivas, de tipo associativo, criadas para assegurar a prossecução de determinados interesses públicos pertencentes a um grupo de pessoas que se organizam para a sua prossecução.

Espécies de Associações Públicas:

Toda a Associação Pública tem como base uma associação, isto é: um agrupamento organizado de sujeitos de direito, que tanto podem ser indivíduos como pessoas colectivas.

Há três espécies de Associações Públicas:

1. Associações Públicas de entidades públicas
2. Associações Públicas de entidades privadas
3. Associações Públicas de carácter misto

As Associações Públicas de entidades públicas, também designadas por algum sector da doutrina portuguesa como **consórcios públicos,** são a categoria menos controversa[24]. Correspondem a entidades que resultam da associação, união ou federação de entidades públicas menores.

São, portanto, pessoas colectivas públicas de tipo associativo, que reúnem as entidades públicas que as instituíram com vista à prossecução de interesses públicos comuns.

As **Áreas metropolitanas** e as **associações de municípios de direito público** (art. 253.º CRP) constituem exemplos dessas associações públicas de entidades públicas, ou consórcios públicos. As freguesias também podem formar **associações de freguesias** (art. 247.º da CRP). **As regiões de turismo** são também associações públicas.

Vamos estudar com mais atenção estas associações de entes públicos:

Em primeiro lugar, cumpre fazer uma chamada de atenção: há associações representativas de municípios e de freguesias com natureza privada. Com efeito, os municípios e as freguesias podem associar-se, designadamente para efeitos da sua representação institucional junto dos órgãos de soberania e da Administração central. As associações podem constituir-se como pessoas colectivas privadas, nos termos da Lei n.º 54/98, de 18 de Agosto.

Mas podem também constituir-se como pessoas colectivas de direito público. E é isso que nos interessa agora ver de mais perto:

1. **Assim acontece com as Freguesias,** nos termos da Lei n.º 175/99, de 21 de Setembro. A Associação de Freguesias é uma pessoa colectiva de direito público, criada por duas ou mais freguesias geograficamente contíguas ou inseridas no território do mesmo município com vista a realizar interesses comuns e específicos.

2. **Os Municípios podem também associar-se,** constituindo pessoas colectivas de direito público. De facto, a Lei n.º 45/2008, de 27 de Agosto, prevê a criação de *Associações de municípios de fins múltiplos* e as *associações de municípios de fins específicos:*

    1. As primeiras são as comunidades intermunicipais (CIM). E estas são as pessoas colectivas de direito público

    2. As associações de Municípios de fins específicos são as pessoas colectivas de direito privado.

    3. Os Municípios da Grande área de Lisboa e da Península de Setúbal integram a *Área Metropolitana de Lisboa* e os Municípios do Grande Porto e de Entre-

---

[24] A este propósito, vd. JOÃO CAUPERS, *Introdução...* cit., p. 104; VITAL MOREIRA, *Administração Autónoma e Associações Públicas...* cit., pp. 393 a 395.

-Douro e Vouga integram a Área Metropolitana do Porto. Assim é nos termos da Lei n.º 46/2008, de 27 de Agosto.
Sobre esta legislação, vd. *Caderno de Legislação Administrativa*

As Associações Públicas de entidades privadas são pessoas colectivas públicas de tipo associativo, criadas por grupos de cidadãos com interesses públicos próprios e específicos, com a finalidade de prosseguir tais interesses. Exemplo: **as Ordens Profissionais** (dos advogados, dos médicos, dos engenheiros, dos arquitectos, enfermeiros, farmacêuticos etc.) e as Câmaras profissionais (dos Revisores Oficiais de Contas e dos despachantes Oficiais) são o exemplo mais conhecido deste género de entidades públicas[25].

As ordens profissionais, que englobam quer aquelas que como tal se designam quer as câmaras profissionais, são constituídas por pessoas singulares privadas, que exercem uma mesma profissão e tendo por objectivo primário a representação dos seus associados, possuindo a função de regulamentação e a disciplina do desempenho daquela profissão.

Quanto ao regime jurídico específico das ordens, ele comporta, nomeadamente, os princípios da unicidade, da obrigatoriedade da inscrição e da quotização, o controlo de acesso à profissão e o poder disciplinar, envolvendo o respeito da deontologia e que apresenta como sanção mais grave a da interdição do exercício da actividade profissional.

Esta categoria de associações públicas é a mais importante e numerosa. Pese embora a sua importância, estas entidades não dispõem de um regime jurídico geral. Contudo, os traços essenciais de tal regime constam do n.º 4 do art. 267.º da CRP, onde se impõe o princípio democrático de organização e funcionamento. Com efeito, o normativo referido dispõe que estas só podem ser constituídas para a satisfação de necessidades específicas e que não podem exercer funções próprias das associações sindicais. E determina que (estas) tenham organização interna, baseada no respeito dos seus membros e na formação democrática dos seus órgãos.

As associações públicas de carácter misto são aquelas que, numa mesma associação, agrupam pessoas colectivas públicas e indivíduos ou pessoas colectivas privadas. É o que acontece com as cooperativas de interesse público, centros tecnológicos e centros de formação profissional.

As Associações Públicas em geral e as Ordens em particular encontram-se submetidas ao poder de tutela, mas não ao poder de superintendência, por parte do Estado-administração.

[25] Cfr. VITAL MOREIRA, *Administração Autónoma e Associações Públicas*... cit., para quem as associações públicas exigem sócios individuais.

As Autarquias Locais:

As Autarquias Locais são pessoas colectivas territoriais dotadas de órgãos representativos, que visam a prossecução de interesses próprios das populações respectivas.

É precisamente assim que o legislador constituinte define as autarquias locais, no seu art. 235.º, n.º 2 CRP. Aliás, a Constituição dedica um título por inteiro às Autarquias Locais: **Título VIII, da parte III, respeitantes a «poder local» e «Organização do Poder Político», nos artigos 235.º ss.**

As Autarquias Locais previstas e instituídas em todo o território nacional são as Freguesias e os Municípios. A autarquia mais importante é o Município (308). Este tem como órgãos a Assembleia Municipal e a Câmara Municipal. As Freguesias são mais de quatro mil e têm uma importância menor, sendo certo que se discute hoje a reorganização do poder local, propondo-se o respectivo reajustamento (quantitativo). A Freguesia tem como órgãos a Assembleia de Freguesia e a Junta de Freguesia.

Noção:

As Autarquias Locais são pessoas colectivas públicas, de base territorial, correspondentes aos agregados de residentes em diversas circunscrições do território nacional e que asseguram a prossecução de interesses comuns resultantes da proximidade geográfica, mediante a actividade de órgãos próprios representativos das respectivas populações.

Antes de estudarmos o regime jurídico das autarquias, cumpre falar do conceito de **autonomia local**, pois só depois compreenderemos a razão de ser do regime previsto na Lei Fundamental e na lei para as autarquias locais.

Dizemos que a existência das autarquias locais decorre **hoje** do princípio descentralização, do princípio da organização democrática do Estado e do princípio da autonomia local, consagrados no art. 6.º, n.º 1 CRP e na Carta Europeia de Autonomia Local.

Mas nem sempre foi assim.

De facto, em Portugal, após a Revolução Liberal de 1820, e depois de um período conturbado, foi instituído, por obra de Mouzinho da Silveira, através dos decretos de 1832, um modelo de administração centralizado, claramente inspirado no modelo de Napoleão. O território foi dividido em províncias, comarcas e concelhos: A **Província** era dirigida por um Prefeito, a **comarca** por um Subprefeito e o **concelho** por um provedor, todos nomeados e hierarquicamente dependentes do poder central.

As ideias descentralizadoras chegaram mais tarde, com a reforma de Passos Manuel (Código Administrativo de 1836), tendo-se operado a reforma territorial dos municípios. O país foi dividido em **distritos, municípios** e **freguesias** dotados de órgãos eleitos.

De qualquer modo, como afirma CÂNDIDO OLIVEIRA, ao longo do século XIX e XX verificou-se um movimento pendular de centralização/descentralização[26].

É precisamente no fim do Século XIX que se forma o conceito clássico de autonomia local. Deve-se a LOBO D'ÁVILA a elaboração desse conceito[27].

Elementos do conceito clássico:

A autonomia local depende de um conjunto (ou feixe) de elementos igualmente obrigatórios e necessários:

1. Personalidade jurídica e órgãos eleitos;
2. Amplo leque de atribuições relativos aos assuntos próprios da comunidade local;
3. Poder de decisão próprio sobre tais assuntos;
4. Meios financeiros, técnicos e de pessoal;
5. Controlo limitado (tutela de legalidade).

Este conceito de autonomia local, que pressupõe a liberdade e a independência das comunidades locais perante o Estado, tem subjacente o espírito da altura e formou-se no quadro do sistema de Estado liberal de direito.

Forçosamente, este conceito teria de entrar em crise com a passagem do Estado liberal para o Estado social e com o alargamento significativo da actividade administrativa do Estado. E foi o que aconteceu com a ampliação do papel interventor do Estado providência.

Esse alargamento do Estado-administração, motivado por um conjunto de factores, entre os quais se contam a revolução industrial e o fenómeno de urbanização, manifestou-se no crescimento constante dos funcionários, no crescimento dos meios técnicos e financeiros e na difusão de instrumentos de planeamento e ordenamento do território.

A noção de autonomia local entra em crise: Por um lado, deixa de ser possível delimitar «assuntos locais». Com efeito, não mais é possível separar o que é assunto local daquilo que é assunto do Estado. Este abarca aquele e juridicamente é impossível definir o que é assunto local, já que o Estado invade todos os sectores da vida económica e social e do território nacional.

---

[26] Sobre este tema, vd. especialmente ANTÓNIO CÂNDIDO DE OLIVEIRA, *Direito das autarquias locais...* cit., pp. 125 a 196.

[27] Sobre este tema, vd. ANTÓNIO CÂNDIDO DE OLIVEIRA, *Direito das autarquias locais...* cit., pp. 125 a 196. E, vd. especialmente J. BAPTISTA MACHADO, *Participação e descentralização*, Coimbra, 1978.

Por outro lado, os municípios perdem consistência sociológica (quebram-se os laços de vizinhança) e perdem competitividade para assegurarem, em paralelo com o Estado, a realização de novas necessidades colectivas e novas tarefas (que exigem avultados meios técnicos e humanos)[28].

Neste contexto, proliferam novas concepções de autonomia local que tendem a reduzir o conceito à mera participação do poder local no processo de decisão sobre assuntos locais (BURMEISTER, DEBBASCH, POUTIER, PAREJO ALFONSO). Nestes conceitos modernos de autonomia local, «a autonomia local» traduz-se em solidariedade das autarquias com o Estado e resume-se ao poder de participação e colaboração no processo de decisão sobre os assuntos de interesse das autarquias.

Interessa-nos aqui destacar o conceito de J. BURMEISTER. Para este autor, o conceito tradicional, fortemente dependente do quadro liberal, estava definitivamente desactualizado, uma vez que não seria mais possível distinguir assuntos somente locais dos assuntos somente do Estado. Deveria ser substituído por outro. Este autor propõe um modelo genético: A autonomia local *reside na competência para administrar todos os assuntos que afectem directamente a esfera de direitos e interesses do Município*, independentemente de se averiguar se tais assuntos têm também uma dimensão supra-local ou mesmo estadual.

A autonomia local reside, então, no facto de os Municípios, ao contrário dos demais entes da administração directa ou indirecta do Estado, serem dotados de órgãos democraticamente eleitos e de terem constitucionalmente *garantido o direito de regular, sob responsabilidade própria, os assuntos que lhe dizem respeito e de participar na decisão dos assuntos que estão confiados à Administração do Estado*, mas que de algum modo lhe interessam.

Aquela concepção moderna de autonomia local não é, contudo, aceitável, uma vez que a autonomia local não pode somente reduzir-se a um poder de colaboração e participação. Pelo contrário, tem de pressupor a livre decisão sobre assuntos do seu interesse próprio. Autonomia local pressupõe liberdade, direito de decisão não subordinada.

E é neste sentido que hoje se entende o ***princípio da autonomia local***, consagrado no **art. 6.º, n.º 1 CRP** e no **art. 3.º, n.º 1 da Carta Europeia de Autonomia Local**[29].

---

[28] A este propósito, vd. ANTÓNIO CÂNDIDO DE OLIVEIRA, *Direito das autarquias locais...* cit., p. 136.
[29] MARCELO REBELO DE SOUSA (*Lições...* cit. 330.) considera que o n.º 6 do art. 4.º da Carta não pode ser interpretado excessivamente, como o faz FREITAS DO AMARAL. Não pode ser entendido como conferindo um direito de partilha com o Estado do poder de decisão sobre matérias de interesse comum. No seu entender, a Carta Europeia fala apenas em consulta e não em co-decisão e em questões que directamente interessam às autarquias, o que parece exigir que as questões sujeitas a participação respeitem apenas a interesses próprios e já não a interesses nacionais ou supra-locais.

1. Deste princípio decorre para as autarquias locais o direito e a capacidade efectiva de regulamentarem e gerirem, nos termos da lei, uma parte importante dos assuntos públicos, fazendo-o sob sua responsabilidade e no interesse das respectivas populações. Este é o seu domínio reservado.

2. Também decorre deste princípio o direito de as autarquias locais participarem na definição das políticas públicas nacionais que afectem os interesses próprios das respectivas populações. Domínio não reservado, mas de participação.

Ao fim e ao cabo, sobre que assuntos devem as Autarquias Locais decidir?

Devem decidir sobre os assuntos públicos determináveis com base no princípio da subsidiariedade, consagrado no art. 6.º, n.º 1 da CRP e art. 4.º, n.º 3 da *Carta*: **em princípio, tudo quanto puder ser eficazmente decidido e executado ao nível autárquico não deve ser atribuído ao Estado e aos seus agentes.**

De facto, parte-se do princípio de que os interesses das populações devem ser prosseguidos pelas entidades públicas que se encontram mais próximas daquelas. De qualquer modo, este princípio não pode pôr em causa a eficiência económica e o respeito pelos princípios da igualdade e solidariedade dos cidadãos.

Que atribuições estão efectivamente entregues ao poder local em Portugal?

Vejamos o respectivo regime jurídico:

O regime jurídico das autarquias locais consta principalmente das seguintes fontes:

1. Carta Europeia da Autonomia Local: Decreto do Presidente da República n.º 58/90, de 23 de Outubro;

2. CRP, artigos 235.º ss.;

3. Lei n.º 159/99 de 14 de Setembro (*Lei-quadro de atribuições*), lei que procedeu à transferência de atribuições e competências para as autarquias locais;

4. Lei n.º 169/99, de 18 de Setembro (*Lei-quadro de competências e funcionamento dos órgãos autárquicos*, com alterações posteriores;

5. Decreto-lei n.º 264/2002, de 25 de Novembro e no Decreto-lei n.º 310/2002, de 18 de Dezembro (relativas à transferência de competências dos Governos Civis para as Câmaras Municipais);

6. Lei n.º 27/96 de 1 de Agosto, que estabelece o regime jurídico da tutela administrativa do Estado sobre as autarquias locais;

7. Lei n.º 29/87, de 30 de Junho, com posteriores alterações, relativa aos Eleitos Locais;

8. Lei n.º 53-F/2006, de 29 de Dezembro, com posteriores alterações, que contém o regime jurídico sobre o sector empresarial local.

Consultar *Cadernos de Legislação Administrativa*.

Do regime constitucional das autarquias locais destacam-se os seguintes aspectos:

Cabe à Assembleia da República, em termos de reserva absoluta de lei, a criação, extinção e modificação territorial das autarquias (Cfr. artigos 164.º, alínea n) e 236, n.º 4; Cabe à Assembleia da República, em termos de reserva relativa de lei, fixar o estatuto das autarquias, incluindo o regime de finanças locais (Cfr. artigos 165.º, n.º 1, alínea q) e 237.º, n.º 1); As autarquias devem dispor, pelo menos de dois órgãos colegiais, um deliberativo e outro executivo, sendo o primeiro eleito por sufrágio universal, directo e secreto pelo método de representação proporcional (Cfr. art. 239.º); As autarquias dispõem de património próprio e finanças próprias (art. 238.º, n.º 1); As autarquias exercem poder regulamentar próprio (art. 241.º);

Sobre as autarquias, o Estado apenas exerce tutela administrativa de legalidade (art. 242.º, n.º 1 da CRP e arts. 2.º e 3.º da Lei n.º 27/96 de 1 de Agosto), já que a tutela de mérito esvaziaria a autonomia local. Aliás, as faculdades, ou formas de exercício de tutela previstas nesta lei são a **inspectiva**. Nos termos da CRP, as medidas de tutela restritivas têm de ser precedidas de parecer da um órgão autárquico, nos termos a definir por lei.

A tutela administrativa constitucionalmente consagrada não abarca a tutela revogatória, substitutiva e sancionatória, sendo certo que a legalmente prevista apenas prevê a forma inspectiva. A tutela inspectiva é assegurada de forma articulada pelo Ministro da Finanças e pelo Ministro responsável pelo Planeamento e a Administração do Território (art. 1.º a 6.º da lei de tutela).

A faculdade sancionatória é toda *jurisdicionalizada* no que respeita à dissolução de órgãos autárquicos e à perda de mandato, só podendo existir tal sanção por acções ou omissões ilegais graves (art. 242.º, n.º 3 CRP). De facto, na medida em que a lei de tutela especifica que a tutela administrativa do Estado sobre as autarquias locais não é sancionatória, as decisões de dissolução de órgãos autárquicos ou de declaração de perda de mandato dos seus membros cabem apenas aos tribunais. E os Tribunais Administrativos são os tribunais competentes para conhecer das acções correspondentes. E tem legitimidade para propor tais acções, entre outros, o Ministério Público.

A CRP prevê a existência de três espécies de autarquias locais: as Freguesias, os Municípios e as Regiões Administrativas (Cfr. 236.º, n.º 1). Estas, últimas, não obstante terem sido publicadas as respectivas lei quadro e lei de criação, não foram instituídas, uma vez que o referendo realizado em 1998 foi desfavorável. As regiões insulares compreendem Freguesias e Municípios (art. 236, n.º 2 CRP).

As Leis n ͫ 159/99 e 169/99 modificaram significativamente o quadro jurídico das autarquias locais. Vejamos:

1. As atribuições dos municípios e das freguesias estão previstas, taxativamente, nos arts. 13.º e 14.º da Lei n.º 159/99.
2. O princípio da descentralização administrativa tem um tratamento desenvolvido no art. 2.º da Lei n.º 159/99.
3. As competências do Presidente da Câmara foram aumentadas: art. 68.º da Lei n.º 169/99.
4. É possível a delegação de competências da câmara municipal na junta de freguesia (art. 37.º, 66.º da Lei n.º 169/99).

Lei-quadro de transferência de atribuições para as autarquias. Lei n.º 159/99:

1. Atribuições dos municípios: art. 13.º.
2. Atribuições das freguesias: art. 14.º.
3. Possibilidade de delegação de competências dos primeiros nos segundos: art. 15.º.
4. Competências dos órgãos municipais, abrange as seguintes matérias, art. 16.º e ss.

a) Equipamento rural e urbano
b) Energia
c) Transportes e comunicações
d) Educação
e) Património, cultura e ciência
f) Tempos livres e desporto
g) Saúde
h) Acção social
i) Habitação
j) Protecção Civil
k) Ambiente e saneamento básico
l) Defesa do consumidor
m) Promoção de desenvolvimento
n) Ordenamento do território e urbanismo
o) Polícia municipal
p) E cooperação externa

Freguesia:

A Freguesia é a autarquia local que visa a prossecução dos interesses próprios da população residente na circunscrição paroquial

As atribuições da freguesia estão contidas no art. 14.º da Lei n.º 159/99 e são de vária natureza:
1. De natureza eleitoral: recenseamento eleitoral;
2. De administração de bens próprios e sob a sua jurisdição, nomeadamente equipamento rural e urbano (art. 14.º, n.º 1, a) Lei n.º 159/99,);
3. De desenvolvimento (art. 14.º, n.º 1 a) e i) Lei n.º 159/99);
4. De abastecimento público (art. 14.º, n.º 1, b) Lei n.º 159/99);
5. De ambiente e salubridade (art. 14.º, n.º 1, e) Lei n.º 159/99);
6. De cuidados primários de saúde (art. 14.º, n.º 1, e) Lei n.º 159/99);
7. De educação (art. 14.º, n.º 1, c) Lei n.º 159/99);
8. De acção social, quanto à infância e à terceira idade (art. 14.º, n.º 1, f) Lei n.º 159/99);
9. De cultura, tempos livres e desporto e apoio à fundação e existência de instituições particulares de interesse público (art. 14.º, n.º 1, d) Lei n.º 159/99);
10. Do ordenamento urbano e rural (art. 14.º, n.º 1, j) da lei n.º 159/99);
11. De protecção civil e de protecção da comunidade (art. 14.º, n.º 1, g) e l) Lei n.º 159/99);

A freguesia pode receber outras: delegadas pelo município em que esteja integrada, com aceitação da Junta e ratificação pela assembleia (art. 15.º Lei n.º 159/99 e art. 17.º, n.º 2, l) e art. 34.º, n.º 5, c) da Lei n.º 169/99.

Município

É a autarquia local que visa a prossecução dos interesses próprios da população residente na circunscrição concelhia.

As atribuições do Município

São previstas através do sistema da enumeração taxativa, consagrado no art. 13.º da Lei 159/99, que estão desdobradas nos artigos 16.º a 30.º. As atribuições municipais são mais vastas do que eram anteriormente, com relevo para os domínios do planeamento e da gestão urbanística, do equipamento rural e urbano, do abastecimento público, da educação e ensino.

Há outras importantes, que acrescem àquelas: protecção à infância e à terceira idade, de saúde, de cultura, tempos livres e desporto e de defesa e protecção do ambiente e da qualidade de vida do respectivo agregado populacional.

Cada vez mais estas atribuições exigem meios humanos e financeiros e técnicos qualificados. Às vezes é necessário recorrer a estruturas empresariais (serviços municipalizados e empresas públicas, com capitais exclusiva ou maioritariamente municipais) ou ao concurso de privados, como no caso de saneamento básico, energia, transportes, comunicações e equipamento urbano.

Os recursos são escassos para realizar novas atribuições: estruturas de educação pré-escolar, escolas do ensino básico ou centros de saúde.

Em termos urbanísticos, o município tem diversas atribuições, como as de delimitação de zonas de defesa e controlo urbano, de áreas críticas e de recuperação e reconversão urbanística, aprovação dos planos de renovação urbana de áreas degradadas e de recuperação de centros históricos, como também a aprovação de plano director municipal, de plano geral de urbanização, de planos de pormenor, de medidas preventivas e provisórias e aprovação de operações de loteamento.

Lei-quadro de competências e do funcionamento dos órgãos dos municípios e das freguesias, Lei n.º 169/99, de 18 de Setembro, com alterações introduzidas posteriormente. De ora em diante, chamaremos **LAL** à Lei n.º 169/99, de 18 de Setembro.

Quanto a esta legislação, consultar *Caderno de Legislação Administrativa*.

Órgãos da Freguesia:

Assembleia de Freguesia e *Junta de Freguesia* (art. 3.º + 23.º LAL)

A Assembleia de Freguesia

i) É o órgão deliberativo da freguesia (art. 3.º);
ii) É eleita por sufrágio universal, directo e secreto dos cidadãos recenseados na respectiva área, segundo o sistema de representação proporcional;
iii) A Assembleia tem quatro sessões anuais: Abril, Junho, Setembro e Dezembro, podendo reunir extraordinariamente.

As suas **competências** estão definidas no art. 17.º da Lei-quadro de competências:

1. competência organizatória interna: aprovação de regimento (alíneas c), d) f) e l), do n.º 1 do art. 17.º.
2. competência eleitoral: elege o Presidente da mesa e secretários + vogais da junta de freguesia, art. 17.º, n.º 1, a) e e).

3. Competência de orientação geral (aprovação de plano, orçamento, relatório de actividades e conta de gerência) (p) do n.º 1, a), b), m) e n) do n.º 2).
4. Competência de fiscalização da Junta e do seu presidente e), g) e o) do n.º 1 e h) do n.º 2 e n.º 3).
5. Competência regulamentar (h) do n.º 1 e j) e p) n.º 2).
6. Competência tributária (d) do n.).
7. Competência deliberativa individual i) e j) do n.º 1 e c), e), f), i), l), o) e q) do n.º 2).

A Junta de Freguesia

i) É o órgão executivo colegial da freguesia, que é composto por um presidente e vogais, sendo que dois exercerão as funções de secretário e de tesoureiro (art. 23.º, n.º 1 2 n.º 2).
ii) O presidente da Junta de freguesia é o cidadão que encabeça a lista mais votada na eleição da assembleia. Este representa a Freguesia e executa as deliberações dos outros órgãos (art. 35.º e 38.º).
iii) A Junta reúne uma vez por mês, ou quinzenalmente, se se julgar conveniente, e extraordinariamente.

As **competências** da Junta de Freguesia estão previstas nos artigos 33.º, 34.º e 37.º.
1. Abrange a execução das deliberações da Assembleia de freguesia, o estudo e proposta à mesma Assembleia, a gestão autárquica e a elaboração de regulamentos.
2. A lei distingue as competências de organização e funcionamento de serviços (n.º 1 do art. 34.º), as competências de planeamento e gestão financeira (n.º 2 do art. 34.º), as competências de ordenamento do território e urbanismo (n.º 3 do art. 34.º), as de gestão de equipamentos (n.º 4 do art. 34.º), e as competência a exercer nas relações com outros órgãos autárquicos (n.º 5 do art. 34.º), e prevê outras competências próprias (n.º 6 do art. 34.º) e outras delegadas (art. 37.º).

Órgãos do Município:

Assembleia municipal e a *Câmara municipal* (art. 41.º e 56.º). *O Presidente da Câmara*, não obstante possuir competências próprias e delegadas, não é indicado como órgão autárquico (art. 68.º).

A Assembleia Municipal

i) É o órgão deliberativo do município (art. 41.º), tendo cinco sessões ordinárias anuais.

As suas **competências** estão previstas no artigo 53.º.
1. Competência eleitoral e organizativa interna (a), b), f), h), e n) do n.º 1).
2. Competência de orientação geral (b), c), n), o) e p) do n.º 2).
3. Competência de fiscalização da Câmara Municipal e do Presidente da Câmara c), d), e) g) e i) do n.º 1.
4. Competência de deliberação sobre assuntos de interesse para o município: a municipalização de serviços, autorização de criação de empresas municipais e fundações, da participação em empresas públicas de capitais exclusiva ou maioritariamente públicos, da integração em associações de municípios, aprovação de empréstimos, autorização de certas concessões da exploração de obras e serviços, a aquisição, alienação e oneração de imóveis. Inclui as medidas urbanísticas e a delegação de atribuições nas freguesias. Inclui a competência residual (m), o) e p) do n.º 1 e j) a m), q) a t) do n.º 2, n.º 3 e n.º 4) e a regulamentar (l), do n.º 1 e a) do n.º 2).

A Câmara Municipal

i) É constituída por um Presidente e por vereadores e é o órgão executivo colegial do Município, eleito pelos cidadãos eleitores recenseados na sua área. O presidente é o primeiro candidato da lista mais votada (art. 56.º).

ii) O Presidente da Câmara tem competências de natureza representativa, executiva e de gestão. São competências próprias, as previstas no art. 68.º e competências delegadas (art. 65.º, n.º 1), podendo este delegar (ou subdelegar) competências nos vereadores e em pessoal dirigente. Além de que pode praticar todos os actos da competência da Câmara, sempre que o exijam circunstâncias excepcionais e urgentes e não seja possível reunir extraordinariamente este órgão (art. 68.º, n.º 3). Os actos ficam sujeitos à ratificação camarária, sob pena de anulabilidade.

iii) A Câmara reúne ordinariamente todas as semanas, salvo se se reconhecer a conveniência em reunir quinzenalmente. Reúne também extraordinariamente.

As competências da Câmara Municipal estão previstas no art. 64.º da Lei n.º 169/99.

Englobam:
1. Poderes organizativos, com uma componente de estudo, preparação e execução das deliberações da Assembleia;
2. E ainda uma componente de natureza deliberativa.

A lei distingue entre a competência de organização e funcionamento dos serviços e gestão corrente (n.º 1 do art. 64.º); a de planeamento e desenvolvimento (n.º 2 do art. 64.º), a consultiva (n.º 3 do art. 64.º) a de apoio a actividade de interesse municipal (n.º 4 do art. 64.º), a de licenciamento e fiscalização (n.º 5 do art. 64.º) e a competência a exercer nas relações com outros órgãos autárquicos (n.º 6 do art. 64.º) e a remanescente (n.º 7 do art. 64.º).

A Câmara pode delegar a sua competência no Presidente, nos termos do art. 65.º, podendo este subdelegá-la nos vereadores. A delegação e subdelegação podem ser livremente revogados.

O delegado e subdelegado têm o dever de informar a Câmara das decisões geradoras de custo ou proveito financeiro.

Das suas decisões cabe recurso para a Câmara, com fundamento na ilegalidade ou no demérito, sem prejuízo do recurso contencioso (art. 65.º, n.º 3, n.º 6 e n.º 7 da Lei n.º 169/99).

O município possui órgãos encarregados de contribuir para a preparação e execução das deliberações dos órgãos:

Serviços municipais, em sentido restrito, os que são directamente geridos pelos órgãos municipais, não dispondo de autonomia administrativa ou financeira, sendo que os servi**ços municipalizados** possuem estas características.

Para além destes, cumpre sublinhar que existe o **sector empresarial local**. E este integra as **empresas municipais, intermunicipais e metropolitanas** (doravante aqui chamadas empresas) e estas são aquelas constituídas nos termos da lei comercial, nas quais os municípios, associações de municípios e áreas metropolitanas de Lisboa e do Porto, possam exercer, de forma directa ou indirecta, uma influência dominante em virtude das seguintes circunstâncias: a) detenção da maioria do capital ou dos direitos de voto; b) direito de designar ou destituir a maioria dos membros do órgão de administração ou de fiscalização.

A par desta, existem ainda as **Entidades Empresariais Locais**, sendo estas empresas de natureza jurídica pública[30]. Na verdade, O sector empresarial local

---

[30] Sobre este assunto, vd. Lei n.º 53-F/2006, de 29 de Dezembro, com posteriores alterações.

inclui também as Entidades Empresariais Locais e estas são pessoas de direito público, com natureza empresarial, que possuem autonomia administrativa, financeira e patrimonial. Estão sujeitas à tutela económica e financeira das Câmaras Municipais, Conselhos Directivos das Associações de Municípios ou das Juntas Metropolitanas, conforme os casos. O seu capital é designado por «capital estatutário»[31].

---

[31] Sobre este tema, vd. PEDRO GONÇALVES, *As Empresas Municipais*, Coimbra, 2007.

PERSPECTIVA PRÁTICA

VERDADEIRO ☺ OU FALSO ☹?

1. A Assembleia de Freguesia e a Junta de Freguesia são órgãos da Freguesia. ☺ ☹

2. A Assembleia de Freguesia é o órgão deliberativo da Freguesia, cabendo-lhe, designadamente, eleger os vogais da Junta de Freguesia, fiscalizar a actividade da Junta, aprovar posturas e regulamentos e aprovar a proposta de orçamento apresentada, nos termos, respectivamente, do art. 17.º, n.º 1, a) e e) + n.º 2, j) + a) do art. 17.º da lei n.º 169/99. ☺ ☹

3. A Junta de Freguesia é órgão executivo colegial da Freguesia, que é composto por um Presidente e um Secretário, reunindo ordinariamente uma vez por mês, ou quinzenalmente. ☺ ☹

4. Nos termos do **art. 34.º, n.º 1 a) + n.º 4, alíneas a) + n.º 6, e) e l) da Lei n.º 169/99**, é da competência da Junta de Freguesia, executar e cumprir as deliberações da Assembleia, gerir, conservar e promover a limpeza de sanitários públicos, bem como fornecer material de limpeza e de expediente às escolas do 1.º ciclo do ensino básico e estabelecimentos de educação pré-escolar e apoiar ou comparticipar actividades de natureza cultural, desportiva, educativa, sendo que também lhe cabe, no uso de competências delegadas pela Câmara, proceder à conservação, calcetamento e limpeza de ruas, passeios e jardins e proceder a obras de conservação de equipamentos culturais e desportivos, designadamente de escolas, creches e apoio à terceira idade, **nos termos do art. 66.º, n.º 1 e n.º 2 da Lei n.º 169/99**. J L ☺ ☹

5. A Assembleia Municipal, a Câmara Municipal e o Presidente da Câmara são órgãos do Município. ☺ ☹

6. À Assembleia Municipal compete deliberar sobre os assuntos de interesse para o município, nomeadamente aprovar referendos locais, autorização de contratação de empréstimos, a municipalização de serviços e a criação de empresas municipais e fundações; autorização para concessão de obras e serviços públicos e aprovar medidas urbanísticas, nos termos, respectivamente das alíneas g) e q) do n.º 1 + alíneas d), l) e q) do n.º 2 e n.º 3 do art. 53.º da Lei n.º 169/99. ☺ ☹

7. A Câmara Municipal, que é composta por um Presidente e vereadores, reúne semanalmente e extraordinariamente sempre que o Presidente o entenda. ☺ ☹

8. À Câmara Municipal compete executar e velar pelo cumprimento das deliberações da Assembleia, designadamente fixar as tarifas e preços da prestação de serviços pelos serviços municipais ou serviços municipalizados; organizar e gerir os transportes escolares; adjudicar a construção de obras e aquisição de bens e serviços; proceder à captura, alojamento e abate de canídeos; apoiar actividades de natureza social, cultural e desportiva e auxiliar estratos sociais carenciados; ordenar a demolição de construções que ameacem ruína ou constituam perigo para a saúde pública, bem como conceder licença para construção e utilização de edifícios, nos termos das alíneas b), j), m), q) e x) do n.º 1 e alíneas b), c) e d) do n.º 4 e alíneas a) e b) do n.º 5 do art. 64.º da Lei n.º 169/99. ☺ ☹

9. O Presidente da Câmara tem competências próprias e delegadas, sendo que este pode delegar e subdelegar nos vereadores, nos termos do art. 65.º e art. 69.º, n.º 2 da Lei n.º 169/99. Das decisões tomadas no exercício de competências delegadas pela Câmara cabe recurso para esta e para os tribunais administrativos. ☺ ☹

10. As sessões dos órgãos autárquicos são sempre públicas. ☺ ☹

PERSPECTIVA PRÁTICA

TEMA: TUTELA DO ESTADO SOBRE AS AUTARQUIAS

I.

Na sequência de uma inspecção efectuada pelos serviços da Inspecção--Geral da Administração do Território, o Ministro de Estado e da Administração Interna teve conhecimento de que a Junta de Freguesia de Baiões, Município de S. Pedro do Sul, eleita há mais de 6 meses, se recusou, injustificadamente, a elaborar a proposta de orçamento para o ano de 2010, a fim de ser apreciada e aprovada pela Assembleia de Freguesia. Considerando que o Secretário de Estado Adjunto e da Administração Local, no exercício de competências delegadas, procedeu à dissolução daquele órgão autárquico como sanção pela ilegalidade verificada, **pronuncie-se sobre tal atitude**.

II.

O Ministro da tutela foi informado pelo Presidente da Assembleia de Freguesia de Oliveira do Hospital de que JOÃO, membro daquela Assembleia, faltou a três sessões consecutivas daquele órgão, duas ordinárias e uma extraordinária, nos dias 16.05.2010, 15.09.2010 e 10.12.2010, sendo que, não obstante ter sido sempre convocado para as respectivas sessões por meio de carta registada com aviso de recepção, nunca compareceu às sessões e nem sequer justificou a sua ausência.

Considerando que, na sequência da informação recebida, o Ministro da tutela declarou a perda de mandato daquele membro do órgão deliberativo, pronuncie-se sobre tal atitude.

AULA N.º 12

SUMÁRIO:

1. A administração autónoma de natureza privada
   1.1. Entidades desprovidas de personalidade jurídica pública: As instituições particulares de interesse público
   1.2. Distinção de géneros
      1.2.1. Em especial, as Pessoas Colectivas de Utilidade Pública
      1.2.2. Sociedades de Interesse Colectivo
   1.3. Entidades auto-reguladoras
2. Entidades Administrativas Independentes

BIBLIOGRAFIA DE BASE

DIOGO FREITAS DO AMARAL, *Curso...* cit., pp. 715; esp. pp. 725 a 730 e pp. 735 a 744.
JOÃO CAUPERS, *Introdução... cit.*, pp. 119 ss.
MARCELO REBELO DE SOUSA, *Lições...* cit., pp. 406 ss.
VITAL MOREIRA, *Auto-regulação...* cit., pp. 381 a 395.

Para além das pessoas colectivas públicas, que temos vindo a estudar, integram também a Administração Pública portuguesa pessoas colectivas privadas, que estão, contudo, sujeitas a regime administrativo na medida em que participam, ainda que de modo mediato, no exercício da função administrativa e na prossecução de interesses públicos.

Já fomos enumerando algumas, a propósito do estudo da Administração indirecta do Estado: já tratámos das associações e fundações privadas e empresas públicas criadas pelo Estado para realização das suas atribuições. E, como vimos, as autarquias também podem criar empresas municipais, fundações e associações de natureza privada para prosseguirem as suas atribuições.

Vimos, na altura, que a classificação e integração destas entidades no mapa ou organograma da AP não é tarefa fácil e nem missão pacífica, havendo, pois, doutrina que as consideram como entidades que realizam administração indirecta do Estado ou realizam administração indirecta das autarquias, que, não obstante terem natureza privada, devem, em certo sentido, integrar a Administração Pública em sentido orgânico.

Hoje, vamos falar sobretudo de entidades privadas que, surgem no seio da sociedade civil, para realizar a função administrativa e que têm em parte regime de direito administrativo: são entidades genericamente designadas por instituições particulares de interesse público, designação que o CPA também lhes dá no art. 2.º, n.º 5, na senda da posição doutrinária de Freitas do Amaral.

As espécies de Instituições Particulares de Interesse Público

Vamos ver que há muita variedade, pelo menos terminológica, quanto aos tipos de entidades particulares que realizam função administrativa:

1. A CRP refere a sua existência:
i) No art. 267.º, n.º 6, mencionando que as entidades privadas que exerçam poderes públicos podem ser sujeitas a fiscalização administrativa.

ii) No art. 63.º, n.º 5 da CRP, fazendo menção à existência de Instituições Particulares de Solidariedade Social e de outras pessoas colectivas de utilidade pública de reconhecido interesse público sem carácter lucrativo que devem estar sujeitas ao apoio e fiscalização por parte do Estado.

2. O Decreto-lei n.º 460/77, de 7 de Novembro disciplina as colectividades de utilidade pública, associações e fundações que prosseguem fins de interesse geral em cooperação com a Administração.

3. O Decreto-lei n.º 519/-G2/79, de 29 de Dezembro, autonomiza, a partir das clássicas pessoas colectivas de utilidade pública administrativa, as Instituições Privadas de Solidariedade Social, que o Decreto-lei n.º 119/83, de 25 de Fevereiro, qualifica como Instituições Particulares de Solidariedade Social.

4. O Decreto-lei n.º 152/96, de 30 de Agosto, vem reger as Fundações de solidariedade social, pessoas colectivas privadas patrimoniais ou não associativas de interesse público.

5. E há ainda o regime genérico das instituições particulares de solidariedade social: Decreto-Lei n.º 119/96, de 25 de Fevereiro.

Vamos proceder a uma delimitação terminológica:

O tipo das *instituições particulares de interesse público* inclui:

1. **Sociedades de interesse colectivo**, que prosseguem o lucro e que, designadamente, agregam as (hoje) denominadas empresas públicas (as sociedades de economia mista e as sociedades de capitais exclusivamente públicos) e as sociedades concessionárias de serviços públicos, de obras públicas e de exploração de bens de domínio público. Sobre estas já falámos quando da referência aos sectores empresariais do Estado e das Autarquias.

2. **Pessoas colectivas de utilidade pública** que não prosseguem fins lucrativos. Estas são associações e fundações de direito privado que não prosseguem fins lucrativos e que cooperam com a Administração.

As pessoas colectivas de utilidade pública são de três tipos, atendendo ao grau de colaboração e inserção na Administração Pública:
Espécies:

1. **As pessoas colectivas de utilidade pública *stricto sensu* ou pessoas colectivas de mera utilidade pública**: são as que prosseguem fins de interesse geral, como sejam, designadamente, fins culturais e desportivos, de carácter nacional, regional e local e que, por força desses fins, cooperam com as pessoas colectivas públicas, quer a nível central, quer a nível local. Estão sujeitas à fiscalização, à cooperação e apoio por parte das pessoas colectivas públicas.

A AP tem com elas um relacionamento mínimo, traduzindo-se num poder de *tutela imprópria, quase tutela, um poder de tutela muito esbatido*.

2. **Instituições particulares de solidariedade social (IPSS)**, que integram entidades privadas com objectivos de realização de solidariedade social, podendo revestir as formas jurídicas de fundação e de associação. Estas pessoas estão mais próximas das pessoas colectivas públicas, já que o enquadramento e o controlo são mais intensos.

3. **Pessoas colectivas de utilidade pública administrativa,** que não se limitam a desempenhar fins de interesse geral em mera cooperação com as entidades públicas. Antes, estas visam prosseguir certas finalidades que são mesmo atribuições específicas da Administração. Estas ou ocupam espaços deixados vazios pelos poderes públicos ou ocupam espaços que a lei considerou vantajoso guardar para estas entidades privadas.

Há, pois, três modalidades distintas de pessoas colectivas de utilidade pública.

1. **As pessoas colectivas de utilidade pública *stricto sensu* ou pessoas colectivas de mera utilidade pública:**

São pessoas colectivas privadas, sem fim lucrativo (associações ou fundações), que prosseguem atribuições de interesse geral ou colectivas, *merecendo, por isso, a qualificação por parte da Administração de pessoas de utilidade pública*.

O seu regime jurídico, que acresce ao regime privado dominante, abarca o respeito pelo princípio da igualdade, a cooperação com as entidades públicas, o registo específico, o regime tributário e financeiro favorecido, a faculdade de requer a expropriação por utilidade pública.

Estas recebem a qualificação de pessoas de utilidade pública por prosseguirem fins humanitários, de assistência ou educação, podendo tal qualificação acontecer na sua **constituição** ou **após cinco anos de efectivo funcionamento** (art. 4.º do Decreto-lei n.º 460/77, de 7 de Novembro).

Têm, pois regalias e isenções fiscais, nos termos da Lei n.º 151/99, de 14 de Setembro.

Exemplos: clubes desportivos, colectividades de cultura e recreio, associações científicas como é o caso da Associação Jurídica de Braga, desde 1988.

As federações desportivas são pessoas colectivas privadas de utilidade pública desportiva. (Cfr. O Decreto-lei n.º 248-B/2008, de 31 de Dezembro, que estabelece o regime jurídico das federações desportivas e as condições de atribuição do estatuto de utilidade pública (= EUPD), estabelecendo-se o princípio da renovação quadrienal da atribuição do EUPD, garantindo-se, assim, um reexame periódico das razões que justificaram a atribuição inicial daquele estatuto).

2. As instituições particulares de solidariedade social = IPSS's

Estas são aquelas pessoas colectivas de utilidade pública em sentido amplo que prosseguem as atribuições especificadas pelo decreto-lei n.º 119/83, de 25 de Fevereiro:

– Atribuições que respeitam ao domínio da solidariedade social, incluindo, nomeadamente:

- A segurança social,
- A educação,
- A formação profissional e a habitação social,
- O apoio a crianças e jovens, apoio à família, à integração social, protecção à velhice e na invalidez.

Regem-se, pois, por uma disciplina específica prevista no Decreto-Lei n.º 11/83, de 25.02, que abrange os direitos dos beneficiários, a criação, organização, gestão, extinção e tutela administrativa. Estas são apoiadas financeiramente pela Administração, mas também estão sujeitas à tutela administrativa.

Dentro das instituições particulares de solidariedade social a lei distingue:
a) As associações de solidariedade social;
b) As associações de voluntários de acção social;
c) As associações de socorros mútuos;
d) As fundações de solidariedade social; e
e) As irmandades das misericórdias

3. As pessoas colectivas de utilidade pública administrativa

São as pessoas colectivas de utilidade pública administrativa que mais se encontram integradas na Administração Pública, pelo facto de se substituírem a esta na prossecução de certas atribuições.

Os fins que realizam são os previstos no artigo 416.º do Código Administrativo e previstos em lei especial:

– Fins humanitários, de socorro a feridos, doentes e náufragos, extinção de incêndios ou outra modalidade de salvaguarda de pessoas e bens.

O regime jurídico a que se encontram sujeitas é o mais amplo e exigente, em correspondência com a sua maior integração na Administração Pública. Este abrange o poder regulamentar, o poder de praticar actos administrativos e de celebrar contratos administrativos, a tutela administrativa estadual e o controlo dos tribunais de contas e administrativos.

Todas elas são pessoas colectivas privadas que colaboram com a Administração na prossecução do interesse público, sendo certo que, para alguns autores, elas integram mesmo a Administração Pública[32]

A este propósito, importa ainda referir que certo sector da doutrina inclui ainda no sector da **administração autónoma não territorial, no domínio das entidades desprovidas de personalidade jurídica pública**, a par das entidades de natureza associativa ou fundacional, como sejam as instituições particulares de solidariedade social de que falámos, as entidades auto-reguladoras.

E neste sentido, as **entidades auto-reguladoras** são pessoas colectivas privadas de natureza associativa ou societária que exercem fundamentalmente funções de regulação das actividades desenvolvidas pelos seus membros. Como exemplo destas entidades podem apontar-se *as federações desportivas*, as *comissões vitivinícolas* e as *bolsas* (ver art. 372.º, n.º 1 do Código dos Valores Mobiliários).

As Entidades Administrativas Independentes

Vamos falar, agora, de um sector administrativo muito ambíguo, dada a sua heterogeneidade e dada a sua recente existência no panorama da Europa continental (e dada a sua origem anglo-saxónica)[33]: vamos estudar as Entidades que não se integram em nenhum ministério e não estão sujeitos à hierarquia do Governo, nem ao seu controlo[34]. Cumpre, no entanto, confessar que, dada a falta de uniformidade na classificação das entidades (uma vez que umas são muito independentes e outras são quase entidades independentes, urge estudar o tema.

---

[32] A este propósito, vd. MARCELO REBELO DE SOUSA, *Lições...* cit., pp. 415.
[33] A este propósito, importa dar conta de que a doutrina, como não adopta uma posição uniforme quanto à classificação destas entidades e quanto ao lugar que ocupam na organização administrativa, varia quanto ao elenco das entidades que fazem parte da Administração Independente. Assim, há autores que integram na Administração Indirecta do Estado as autoridades administrativas reguladoras, que se caracterizam por serem administrações indirectas com um *plus* de autonomia. Por exemplo: Autoridade da Concorrência e a ERSE (Entidade Reguladora dos Serviços Energéticos), a CMVM (Comissão de Mercado de Valores Mobiliários), incluindo também certos Institutos Públicos com funções reguladoras, como sejam o INTF. I.P. (o Instituto Nacional do Transporte Ferroviário) e ERSAR, I.P. (Entidade reguladora dos Serviços de Águas e Resíduos). Estas entidades estão sujeitas ao respectivo regime jurídico decorrente do diploma que as criou.
[34] Sobre o tema, FREITAS DO AMARAL empregava a designação Órgãos e serviços do Estado- -Administração independentes de vocação geral.

É um facto que, a partir da década de 90 do século passado, tem-se vindo a assistir à proliferação das chamadas autoridades administrativas independentes, entidades dotadas de personalidade jurídica pública que visam geralmente enquadrar as novas formas de intervenção pública na economia, centradas agora na regulação da actividade dos privados e não tanto na produção de bens e serviços. O seu progressivo relevo e as questões suscitadas em torno da legitimação do seus poderes justificaram que se lhe desse expressa consagração na Constituição, no art. 267.º, n.º 3, a partir da revisão de 1997.

Estas entidades administrativas têm independência orgânica e funcional, isto é, os titulares dos órgãos não podem ser removidos por vontade do Governo, nem tomam decisões com base na influência ou na instrução do Governo. O aparecimento destas entidades é, em suma, recente e surge particularmente associado à regulação dos meios audiovisuais, na área económica e para garantia de direitos fundamentais.

Pacificamente, pertencem à Administração independente o Provedor de Justiça, a Comissão Nacional de Eleições, a CNPD (a Comissão Nacional de Protecção de Dados), a CADA (Comissão de Acesso aos Documentos Administrativos, a Entidade Reguladora para a Comunicação Social, a Comissão para a fiscalização do Segredo de Estado e a Comissão de Fiscalização dos Serviços de Informações.

Caracterização:

1. Todos eles são entes independentes, não se integrando em qualquer relação hierárquica;
2. As suas deliberações em matéria administrativa constituem actos administrativos dotados de publicidade;
3. Emitem pareceres, recomendações ou directivas, que se caracterizam, por regra, pela *vinculatividade*;
4. Não podem ser dissolvidos;
5. Os titulares são inamovíveis e irresponsáveis pelas respectivas decisões;
6. Esses titulares são na sua maioria eleitos pela Assembleia da República.

Por exemplo, a Comissão Nacional de Eleições:

É um órgão independente de vocação geral, com competência apenas administrativa, em matéria eleitoral.

Deve garantir a regularidade e a isenção de todos os actos eleitorais, podendo, por isso, ser considerado como órgão simultaneamente activo e de controlo (Lei n.º 71/78, de 27 de Dezembro).

PERSPECTIVA PRÁTICA

JOGO DAS LETRAS E DOS NÚMEROS
FOLHA DOS NÚMEROS

1. Administração Pública em sentido orgânico.

1001. Ramo de direito público constituído pelo sistema de normas jurídicas que regulam a organização e o funcionamento da Administração Pública e as relações que esta estabelece com outros sujeitos de direito quando procede a uma actividade de gestão pública.

999. Membro do Governo que tem funções de chefia, incluindo a de dirigir o funcionamento do Governo e a de coordenar e orientar a acção de todos os Ministros.

4. Governo.

555. É a função típica dos organismos públicos, que é desempenhada sob a direcção e fiscalização do poder político, em nome da colectividade, e que visa satisfazer de forma regular e contínua as necessidades colectivas de segurança, cultura e bem-estar económico e social, nos termos estabelecidos pela legislação aplicável e sob o controle dos tribunais competentes.

10. Governador Civil.

33. Competência conjunta.

77. Ordem.

50. Descentralização administrativa.

9. Tipo de empresas que integram o sector empresarial do Estado, mas que não possuem personalidade jurídica pública. São criadas como sociedades constituídas nos termos da lei comercial. Nelas o Estado (ou outra entidade pública do Estado), exerce, isolada ou conjuntamente, directa ou indirectamente, uma influência dominante, por deter o capital (ou a maioria do capital) ou por deter

os direitos de voto ou o direito de designar e destituir a maioria dos membros dos órgãos de administração ou de fiscalização.
100. Dever de sigilo.
13. Áreas Metropolitanas, designadamente, Grandes Áreas Metropolitanas (ou GAM's) e Comunidades Urbanas (ou ComUrb's.)
1000. Pessoa Colectiva Pública de base territorial, dotada de órgãos representativos que visam a prossecução de interesses próprios das populações residentes na respectiva circunscrição concelhia.
101. Pessoas Colectivas de Utilidade Pública, designadamente, Instituições Particulares de Solidariedade Social (IPSS's).

JOGO DAS LETRAS E DOS NÚMEROS
FOLHA DAS LETRAS

X. Função Administrativa
Y. Dever geral dos funcionários e agentes da Administração Pública que consiste em guardar segredo profissional relativamente aos factos de que tenham conhecimento em virtude do exercício das suas funções e que não se destinem a ser do domínio público.
A. Instrumento jurídico típico do poder de direcção do superior hierárquico sobre o subalterno. Comando individual e concreto.
M. É o sistema de órgãos, serviços e agentes do Estado, bem como das demais pessoas colectivas públicas, que asseguram em nome da colectividade a satisfação regular e contínua das necessidades colectivas de segurança, cultura e bem-estar.
D. Direito Administrativo.
B. Tipo de competência que pertence simultaneamente a dois ou mais órgãos diferentes, sendo que deve ser exercida por todos eles em conjunto, num acto único.
E. Magistrado administrativo que representa o Governo na circunscrição distrital.
Z. Empresa Pública.
W. Órgão superior da Administração Pública (art. 182.º), ao qual compete, entre outras tarefas, *dirigir* os serviços e a actividade da administração directa do Estado, *superintender* na administração indirecta e exercer a *tutela* sobre esta e a administração autónoma (art. 199.º, d) CRP).
H. Primeiro-Ministro

U. Princípio que determina que, num determinado país, os interesses públicos (que a actividade administrativa visa satisfazer) não estejam somente a cargo da pessoa colectiva Estado, mas também de outras pessoas colectivas públicas.

K. São pessoas colectivas públicas de natureza associativa e de âmbito territorial, constituídas por Municípios ligados entre si por um nexo de continuidade territorial e visam a prossecução de interesses comuns aos municípios que as integram.

P. Município, cujos órgãos representativos são a Câmara Municipal e a Assembleia Municipal.

Ç. Tipo de pessoas colectivas privadas que coadjuvam as entidades públicas na satisfação de necessidades colectivas e, por isso, podem reger-se, em alguma medida, por normas de direito administrativo e estar sujeitas ao controle das entidades públicas.

AVALIAÇÃO

PROPOSTA

CURSO DE DIREITO/DIREITO DA ORGANIZAÇÃO ADMINISTRATIVA

I (3×2 valores)

Distinga os seguintes conceitos:

1.1. Ciência do direito administrativo/Ciência da Administração;
1.2. Região Administrativa/Região Autónoma;
1.3. Superintendência/Supervisão.

II (6 valores)

Situe as Entidades Administrativas Independentes dentro da organização da nossa Administração Pública, tendo principalmente em conta os poderes administrativos do Governo, tal como estão definidos na Constituição da República Portuguesa.

III (8 valores)

JOÃO, membro da Assembleia de Freguesia de Oliveira do Hospital, foi notificado de uma decisão do Secretário de Estado da Administração Local, na qual lhe é declarada a perda de mandato, por ter faltado a três sessões consecutivas daquele órgão, duas ordinárias e uma extraordinária.

Neste contexto, João, pretendendo recorrer aos tribunais administrativos daquela decisão, vem invocar o seguinte:

1. Que o acto padece de um vício de incompetência absoluta, uma vez que tal decisão só poderia ter sido proferida pelo Presidente da Assembleia de Freguesia, uma vez que só ele tem poderes para o efeito. E tanto assim é que só o Presidente pode convocar os respectivos membros para as sessões do órgão, através de carta registada com aviso de recepção, sendo certo que João nunca compareceu às sessões e nem sequer justificou a sua ausência.

2. Que a decisão é nula, pois o Secretário de Estado não tem competência para o efeito. E, ainda que tivesse existido uma delegação de competências do Ministro da Tutela, aquela delegação nunca foi publicada.

ÍNDICE

NOTA PRÉVIA	5
PROGRAMA RESUMIDO – 2010/2011	9
ABREVIATURAS	13
Aula n.º 1 e Aula n.º 2	15
Perspectiva prática	31
Aula n.º 3	35
Perspectiva prática	51
Aula n.º 4	57
Aula n.º 5	71
Perspectiva prática	79
Aula n.º 6	81
Perspectiva prática	91
Aula n.º 7	95
Aula n.º 8	107
Aula n.º 9	117
Perspectiva prática	127
Aula n.º 10	133
Aula n.º 11	145
Perspectiva prática – Verdadeiro ou Falso?	165
Perspectiva prática – Tema: Tutela do Estado sobre as autarquias	167
Aula n.º 12	169
Perspectiva prática	177
AVALIAÇÃO	181

ÍNDICE

NOTA PRÉVIA	5
PROGRAMA RESUMIDO – 2010/2011	9
ABREVIATURAS	13
Aula n.º 1 e Aula n.º 2	15
Perspectiva prática	31
Aula n.º 3	35
Perspectiva prática	51
Aula n.º 4	57
Aula n.º 5	71
Perspectiva prática	79
Aula n.º 6	81
Perspectiva prática	91
Aula n.º 7	95
Aula n.º 8	107
Aula n.º 9	117
Perspectiva prática	127
Aula n.º 10	133
Aula n.º 11	145
Perspectiva prática – Verdadeiro ou Falso?	165
Perspectiva prática – Tema: Tutela do Estado sobre as autarquias	167
Aula n.º 12	169
Perspectiva prática	177
AVALIAÇÃO	181